소의 변경 – 청구취지, 원인 변경 보충 정정 신청방법 지침서

청구취지 원인 변경
소의변경
보충·정정 작성방법

편저 : 대한법률콘텐츠연구회

(콘텐츠 제공)

해설 · 최신서식

법문북스

머 리 말

소의변경을 소장에 근거하여 파악하면 소장의 내용의 어떤 일부에 관계된 모든 변경, 당사자의 변경, 법원의 변경, 소송물의 변경, 소의 종류의 변경 모두를 소의 변경이라 할 수 있습니다.

법원의 변경은 이송에서 다루고 있고 당사자의 변경은 선정당사자의 선정, 소송참가, 소송수계, 피고의 경정, 소송절차의 중단에서 다루고 있기 때문에 민사소송법 제235조(소의 변경)의 적용범위를 확정함에 있어 소의 변경은 법원과 당사자의 동일성을 전제로 하고 소송물, 소송상의 청구를 변경하는 것이라고 할 수 있습니다.

민사소송법 제235조 제1항도 '원고는 청구취지 또는 청구원인을 변경할 수 있다'고 규정하여 소의 변경이 청구의 변경임을 명시하고 있습니다. 동일한 당사자라는 것은 단지 사람만 같으면 되는 것이 아니고 원고 또는 피고의 지위도 동일하여야 한다는 뜻입니다.

소의변경을 소송물의 변경으로 이해한다면 소의 교환적변경이나 추가적 변경뿐만 아니라 청구취지를 감축하거나 수개의 병합되어 있는 소송물 중에서 어느 소송물을 빼내는 것도 소송물의 변경이 있기 때문에 역시 소의 변경에 포함됩니다.

원고가 제기한 중간확인의 소도 소의 추가적 변경이므로 민사소송법 제237조에 별도의 규정이 있음에도 불구하고 소의 변경 규정을 적용하게 됩니다.

따라서 소의 변경은 공격 그 자체이지 공격방법이 아니기 때문에 실기한 공격방법의 각하에 대한 규정은 소의 변경 자체에는 적용되지 않고 소변경의 근거가 되는 사실의 제출도 그 제출이 늦지 않았기 때문에 배제될 수 없습니다. 다만 민사소송법 제235조 제1항 단서에 의하여 소송절차를 지연케 함이 현저한 경우에는 소를 변경할 수 없습니다.

청구취지가 변경되면 청구원인이 변하지 않을지라도 소송물이 변경되므로 소의 변경이 있습니다. 구하고자 하는 판결의 형식을 바꾸는 경우, 건물명도 청구를 건물소유권확인청구로, 지분이전등기청구를 공유물분할청구로, 소유권행사금지를 소유권확인청구로, 채무부존재확인청구를 부당이득금반환청구로, 확인의 소를 청구이의의 소로 바꾸는 경우에는 소의 변경이 있습니다.

소송에서 구하는 물건 또는 행위를 바꾸거나 물건 대신 금전이나 행위를 구하는 경우 경작권확인청구를 소유권확인청구로, A건물의 철거청구를 B건물의 철거청구로, A에 의한 지급청구를 B에 의한 지급청구로 바꾸는 경우에도 소의 변경이 있습니다. 청구취지가 무엇을 요구하는가는 경우에 따라서는 해석을 통하여 확정될 수 있으므로 청구취지의 인식가능 한 내용이 무엇인가를 좀 더 명확히 하기 위하여 단지 표현을 바꾸는 경우에는 소의 변경이 아닙니다.

단순히 청구취지를 정정 또는 보충하거나 동일한 청구를 달리 표현하는 것은 소의 변경으로 볼 수 없습니다. 예를 들면 철거를 구하는 건물의 표시에 다소 변경을 가하여 건물의 구조, 평수 등을 고치거나 건물의 철거대상에 담장을 추가하는 경우는 그 철거의 대상이 동일하므로 소의 변경이 아닙니다.

본서에는 소송을 진행하는 당사자는 소송 도중에 사정변경 등으로 인하여 소의 변경을 해야 하거나 청구취지를 감축 또는 확정하는 경우이거나 정정 또는 보충하여야 할 사항이 비일비재하므로 당사자가 스스로 소의 변경을 어떻게 해야 하는지 직접 해결할 수 있도록 도서에 만전을 기하여 수록하였습니다.

우리 본서를 접한 모든 분들은 소의 변경이나 청구취지 및 청구원인을 변경하거나 정정 또는 보충하여 해결하시고 늘 웃으시면서 건강하시기 바랍니다.

감사합니다.

편저자 드림

차 례

청구 취지 원인 변경
소의 변경
보충·정정 작성방법

제1장 소의 변경

1. 소장에 근거한다면

　소의변경을 소장에 근거하여 파악한다면 소장의 내용의 어떤 일부에 관계된 모든 변경, ①당사자의 변경, ②법원의 변경, ③소송물의 변경, ④소의 종류의 변경 모두를 소의 변경이라 할 수 있습니다.

　법원의 변경은 이송(민사소송법 제31조 이하)에서 다루고 있고 당사자의 변경은 선정당사자의 선정(민사소송법 제49조), 소송참가(민사소송법 제65조 이하), 소송수계(민사소송법 제74조), 피고의 경정(민사소송법 제234조의2, 행정소송법 제14조, 가사소송법 제15조), 소송절차의 중단(민사소송법 제221조 이하)에서 다루고 있기 때문에 민사소송법 제235조(소의 변경)의 적용범위를 확정함에 있어 소의 변경은 법원과 당사자의 동일성을 전제로 하고 소송물, 말하자면 소송상의 청구를 변경하는 것이라고 할 수 있습니다.

　민사소송법 제235조 제1항도 '원고는 ○○○ 청구취지 또는 청구원인을 변경할 수 있다' 고 규정하여 소의 변경이 청구의 변경임을 명시하고 있습니다. 동일한 당사자라는 것은 단지 사람만 같으면 되는 것이 아니고 원고 또는 피고의 지위도 동일하여야 합니다. 따라서 소송 중에 피고가 원고를 상대로 하여 제출하는 본안신청, 즉 반소(피고가 제기하는 중간확인의 소를 포함합니다)는 독자적인 재판의 대상으로 소의 변경은 아닙니다.

2. 소송물의 변경으로 이해한다면

소의변경을 소송물의 변경으로 이해한다면 소의 교환적변경이나 추가적 변경뿐만 아니라 청구취지를 감축하거나 수개의 병합되어 있는 소송물 중에서 어느 소송물을 빼내는 것도 소송물의 변경이 있기 때문에 역시 소의 변경에 포함됩니다.

원고가 제기한 중간확인의 소도 소의 추가적 변경이므로 민사소송법 제237조에 별도의 규정이 있음에도 불구하고 소의 변경 규정을 적용하게 됩니다.

따라서 소의변경은 공격 그 자체이지 공격방법이 아니기 때문에 실기한 공격방법의 각하에 대한 규정은 소의 변경 자체에는 적용되지 않고 소변경의 근거가 되는 사실의 제출도 그 제출이 늦지 않았기 때문에 배제될 수 없습니다. 다만 민사소송법 제235조 제1항 단서에 의하여 소송절차를 지연케 함이 현저한 경우에는 소를 변경할 수 없습니다.

제2장 청구취지의 변경

청구취지가 변경되면 청구원인이 변하지 않을지라도 소송물이 변경되므로 소의 변경이 있습니다. 구하고자 하는 판결의 형식(권리보호의 형식)을 바꾸는 경우, 예를 들어 건물명도 청구를 건물소유권확인청구로, 지분이전등기청구를 공유물분할청구로, 소유권행사금지를 소유권확인청구로, 채무부존재확인청구를 부당이득금반환청구로, 확인의 소를 청구이의의 소로 바꾸는 경우에는 소의변경이 있습니다.

소송에서 구하는 물건 또는 행위를 바꾸거나 물건 대신 금전이나 행위를 구하는 경우 예컨대 경작권확인청구를 소유권확인청구로, A건물의 철거청구를 B건물의 철거청구로, A에 의한 지급청구를 B에 의한 지급청구로 바꾸는 경우에도 소의변경이 있습니다. 청구취지가 무엇을 요구하는가는 경우에 따라서는 해석을 통하여 확정될 수 있으므로 청구취지의 인식가능 한 내용이 무엇인가를 좀 더 명확히 하기 위하여 단지 표현을 바꾸는 경우에는 소의변경이 아닙니다.

단순히 청구취지를 정정 또는 보충하거나 동일한 청구를 달리 표현하는 것은 소의 변경으로 볼 수 없습니다. 예를 들면 철거를 구하는 건물의 표시에 다소 변경을 가하여 건물의 구조, 평수 등을 고치거나 건물의 철거대상에 담장을 추가하는 경우는 그 철거의 대상이 동일하므로 소의 변경이 아닙니다.

1. 청구취지의 확장

청구취지의 확장은 청구원인을 변경함이 없이 청구취지에 기재되어 있는 심판의 범위를 확장하는 것입니다. 일반적으로 청구취지의 확장에는 청구취지의 양적 확장과 질적 확장이 있습니다.

양적 확장에는 예컨대 일부청구에서 전부청구로 확장하는 것입니다. 질적 확장은 장래이행의 소를 현재이행의 소로, 상환이행의 소를 단순이행의 소로, 확인의 소를 이행의 소로, 연대채무자로서의 지급청구를 독립채무자로서의 지급청구로 바꾸는 것입니다.

2. 청구취지의 감축

청구취지의 감축은 청구원인을 변경함이 없이 청구취지에 기재된 심판의 범위를 감축하는 것입니다. 청구취지의 감축의 경우에도 양적 감축과 질적 감축이 있습니다.

청구취지의 감축의 경우에는 소의 변경이 없습니다.

다만 감축된 한도 내에서 소의 일부 취하로 볼 것인가, 청구의 일부 포기로 볼 것인가가 문제인데 원칙적으로 원고 의사에 따르되 그 의사가 분명하지 아니한 때에는 원고에게 유리하게 소의 취하로 봅니다. 이에 대하여 감축된 부분에 대하여 일부판결을 할 수 있을 정도로 특정성을 가지는 경우 예컨대 이행기가 다르거나 담보가 일부에 설정되어 있는 경우 등에는 일부 취하를 인정할 수 있으나 그러한 특정성이 없는 경우에는 판결 후에 청구의 일부 포기로 볼 것입니다.

단순 이행의 소에서 상환이행의 소로 감축하는 경우에는 상환이행에 대하여 원고 패소판결이 있으면 피고의 이행의무가 없다는 것에 대하여 기판력이 있으므로 원고의 패소판결에 대한 기대가 침해되지 않으므로 소 취하에 있어서와 같이 피고의 동의를 요한다고 할 필요가 없습니다.

따라서 청구취지의 질적 감축은 소의 교환적 변경으로 소의 변경에 관한 민사소송법 제235조의 적용만을 받습니다. 이에 대하여 청구취지의 양적 감축의 경우는 청구의 대상에 변경이 생겨 소송물이 변경되었으므로 그 성질상 소의 변경입니다. 그러나 청구취지의 양적 감축의 경우에는 분쟁을 일거에 해결하는 것을 방해하고 재소를 야기할 수 있어 소의 변경에 대한 규정을 적용하면 변론종결 전이라는 요건을 제외하고는 사실상 무조건적으로 청구취지의 양적 감축을 허용하여 피고를 농락할 수 있게 합니다.

예를 들어 원고가 1,000만 원을 청구하였다가 500만 원으로 감축한 경우에 소변경 규정을 적용하면 원고는 소 취하 규정을 회피할 수 있게 됩니다. 또한 원고의 의사는 감축한 부분에 관하여 그 소송절차에서 더 이상 심판을 받지 않으려고 하는 것에만 있습니다. 따라서 청구취지의 양적 감축 그 자체를 구제할 필요는 있으므로 양적 감축은 소의 변경에 관한 규정의 적용을 받지 않고 청구의 포기이거나 소 취하로서 그에 관한 규정의 적용을 받아야 합니다.

청구취지의 양적 감축을 소 취하로 보면 피고의 동의가 필요하고 원칙적으로 서면에 의하여야 하나 재소의 가능성을 남기고, 청구의 포기로 보면 원고 패소판결과 같은 기판력이 생기므로 원고의 의사에 따라야 할 것이지만 그것이 불명한 경우에는 원고에게 불이익이 적은 소의 일부 취하로 보아야 합니다. 가능한 한 원고의 의사를 밝히기 위하여 석명을 명하는 것이 바람직합니다.

제3장 청구원인의 변경

소의변경의 범위는 소송물에 따라 달라집니다.

소송물의 범위를 넓게 볼 경우 청구원인을 변경하여도 소송물을 변경하는 것이 아니라 공격방법을 변경하는 것에 불과하여 소의 변경의 제한을 받지 않아 그 청구원인의 변경을 쉽게 할 수 있으므로 청구의 기초의 동일성에 기대하는 상당부분은 오히려 소송물의 구성문제에 흡수됩니다.

청구취지는 그대로 두면서 청구원인을 바꾸는 경우에도 소의 변경은 있는 것이나 여기서의 청구원인은 소송물을 변경할 정도의 것이어야 하므로 소송물에 따라 그 범위가 달라집니다. 따라서 새로운 사실관계가 제출된 경우 법원은 그것에 의하여 주장된 소송상 청구의 한계를 벗어나지 않았는가에 대한 여부를 심사하여야 합니다.

당사자가 소송계속 중에 있는 소송물의 범위 내에서 그의 법률적 또는 사실적 주장을 보충하거나 정정하는 경우에는 소의 변경이 존재하지 않습니다.

1. 현저한 지연이 없을 것

청구의 기초에 변경이 없거나 소의 변경에 대한 피고의 동의가 있더라도 구 청구에 대한 심리가 종결에 가까워 진 반면에 신청구의 심리를 위하여 종전의 자료를 그대로 이용할 수 없기 때문에 새로이 사실자료와 증거자료를 조사하여야 하는 때에도 소의 변경을 허용하는 것이 소송절차의 완결을 현저히 지연시킨다면 이는 소송경제에 반하므로 소의 변경을 허용하는 취지에 부합하지 않아 별소를 제기하게 하는 것이 바람직스럽기 때문에 법은 이러한 요건을 두고 있는 것입니다.

법원은 이 점을 고려하여 구체적인 상황에 따라 판단하고 있습니다.

예를 들어 2회에 걸쳐 상고심으로부터 환송된 후 항소심 변론종결 당시에 청구를 변경하는 경우, 예비적 청구를 제2심의 최종구술변론기일에 처음으로 추가하는 경우 소송절차를 현저하게 지연시키는 경우라고 합니다.

소가 변경되면 법원은 새로이 심리를 하여야 하는 것이 보통이므로 어느 정도 시간을 요하는 정도에 불과한 경우에는 소송절차를 현저하게 지연시키지 않습니다. 소의 변경이 피고의 진술을 근거로 하는 경우에는 조금도 심리의 지연을 초래하지 않으므로 원칙적으로 소의 변경을 허용합니다. 또한 청구이의의 소와 같이 별 소를 금지하는 경우에는 소송절차를 지연시키는 때에도 소의 변경을 허용하여야 합니다.

소송절차를 현저하게 지연시키지 않아야 한다는 것은 공익적 요건이어서 법원은 직권으로 조사를 하여야 하며, 피고가 소의 변경에 대하여 동의를 하여도 현저한 지연이 있는 때에는 법원으로서는 소의 변경을 불허하여야 합니다.

2. 변론종결 전일 것

소장송달하기 전에 있어서도 청구의 기초에 변경이 없어야만 소의 변경을 허용할 수 있겠으나 소장송달 전 즉 소송계속 전에는 피고는 당사자로서 이해관계를 가지지 않고 소송절차를 현저히 지연시키는 폐해가 생길 여지도 없으므로 원고는 자유롭게 소를 변경할 수 있습니다. 그 방법으로 대개 소장의 정정이나 보충의 형식에 의합니다.

이 경우에는 소송상의 청구의 변경이 있어 그 성질에 있어서는 소의 변경이 있고 민사소송법 제235조 제1항의 요건, 특히 청구의 기초의 동일성이 요구되지 않을 뿐 인지의 첩부나 시효중단 또는 제척기간 준수의 효과, 서면에 의한 소의 변경, 소변경서면의 송달 등에 관한 규정은 적용되어야 합니다.

변론종결 후에는 판결을 선고하기 전이라도 소를 변경할 수 없습니다.

다만 법원으로서는 변론종결 후에 소 변경신청이 있는 경우에 변론을 재개할 수 있습니다. 한편 원고의 청구원인변경에 대하여 피고에게 방어의 기회를 주지 않고 심리를 종결하는 것은 위법합니다.

제4장 항소심에서 청구취지 확장

소송물에 관하여 형식상 전부 승소한 당사자의 상소이익의 부정은 절대적인 것이라고 할 수도 없습니다. 원고가 재산상 손해(소극적 손해)에 대하여는 형식상 전부 승소하였으나 위자료에 대하여는 일부 패소하였고 이에 대하여 원고가 원고 패소 부분에 불복하는 형식으로 항소를 제기하여 사건 전부가 확정이 차단되고 소송물 전부가 항소심에 계속되게 된 경우에는 더욱이 불법행위로 인한 손해배상에 있어 재산상손해나 위자료는 단일한 원인에 근거한 것인데 편의상으로 이것을 별개의 소송물로 분류하고 있는 것에 지나지 아니한 것이므로 이를 실질적으로 파악하여 항소심에서 위자료는 물론이고 재산상 손해(소극적 손해)에 관하여도 청구의 확장(청구취지의 확장)을 허용됩니다.

원고가 제1심에서 전부 승소하여 피고만이 항소한 경우에 원고는 항소심에서도 청구취지를 확장할 수 있습니다. 다만 그로 인하여 항소한 피고에게 오히려 불이익한 결과를 초래할 수 있으므로 그 성격은 부대항소라고 합니다. 부대항소는 피고가 항소를 취하하면 실효되게 됩니다.

제5장 소의 추가적 변경

소의 추가적 변경의 경우에는 소의 객관적 병합의 요건을 갖추어야 합니다. 그러므로 신 청구는 다른 법원의 전속관할에 속하지 않아야 하고, 동일한 소송절차에 의할 것을 요합니다. 소의 교환적 변경의 경우에는 동일한 소송절차에 의할 것을 요하나 신 청구가 다른 법원의 전속관할에 속하는 때는 소의 변경을 불허할 것이 아니라 관할법원으로 이송하는 것이 타당합니다.

왜냐하면 추가적 변경의 경우에는 신청구만을 이송하는 것은 소의 변경을 인정하는 취지에 반하지만 교환적 변경의 경우에는 이송하는 것이 소송경제에 부합할 뿐만 아니라 현행법이 관할위반의 경우에 소를 각하하지 않고 이송하도록 하고 있는 취지에 부합하기 때문입니다.

추가적 변경에 있어 신청구가 다른 전속관할에 속하지 않는다면 토지관할에 있어서는 구청구가 그 법원에 관할이 있는 한 신 청구에 관련재판 적이 있으므로 관할위반의 문제가 생기지 않습니다.

교환적 변경의 경우에는 원칙적으로 민사소송법 제22조 제1항에 해당하지는 않으나 이 때에도 이송을 하면 번거로워져 소의 변경을 허용하는 실익이 줄어들게 되기 때문에 민사소송법 제22조 제1항을 유추 적용하여야 합니다.

소의변경에 의하여 사물관할이 변경된 경우에는 응소관할이 생길 수 있고, 응소관할이 생기지 않은 때에는 원칙적으로 이송하여야 하지만 합의부사건이 단독사건으로 된 경우에 상당하다고 인정하는 때에는 이송하지 않고 스스로 민사소송법 제31조 제3항에 의하여 심판을 할 수 있습니다. 지방법원 본원 합의부가 지방법원 단독판사의 판결에 대한 항소사건을 제2심(항소심)으로 심판하는 도중에 지방법원 합의부의 관할에 속하는 소송이 새로 추가되거나 그러한 소송으로 청구가 변경되었다고 하더라도 심급관할은 제1심 법원의 존재에 의하여 결정되는 전속관할이어서 이미 정하여 진 항소심의 관할에는 영향이 없는 것이므로 추가되거나 변경된 청구에 대하여도 그대로 심판할 수 있습니다.

제6장 소 변경 절차

원고가 신청하는 경우 처분권주의의 원칙상 소의 변경은 원고가 신청을 함으로써 이루어집니다. 따라서 법원의 직권에 의하여 소를 변경할 수는 없습니다.

소 변경신청은 의사표시인 소송행위입니다.

소의 변경의 신청은 소송행위에 있어서의 일반적인 유효요건을 필요로 하므로 조건부, 즉 예비적 소의 변경은 지금까지의 청구에 대한 소송계속이 종료되고 새로운 청구에 대하여 소송계속이 존재하는 것을 불확실하게 할 것이므로 부적법합니다.

1. 신청의 방식

청구취지의 변경은 민사소송법 제235조 제2항에 의하여 서면으로 신청하여야 하고 청구취지의 변경신청서 부본은 상대방에게 송달하여야 합니다.

소의 변경신청은 소송중의 소의 일종이므로 그 성질상 재판장의 소장심사권에 관한 규정(민사소송법 제231조)이 유추적용 됩니다. 필요적 기재사항의 흠결이 있거나 인지가 부족한 경우에는 재판장이 보정을 명하고 이에 불응하는 경우에는 소의 변경신청서의 각하명령을 하여야 합니다.

2. 소변경의 효과

소의 변경(청구취지의 변경)의 서면이 상대방에게 송달된 때에 신 청구에 관하여 소송계속이 발생합니다.

소의 변경은 실질적으로 소송 중에 신 청구에 관하여 소를 제기하는 것이므로 신청구의 소송계속의 시점은 소 변경 신청서면이 피고에게 도달한 때입니다.

청구원인을 구술로 변경하는 경우에는 송달이라는 것이 불필요하므로 구술진술

시에 신청구가 소송계속 된다고 봅니다.

3. 법원의 조처

소의변경의 유무는 법원의 직권조사사항입니다.

법원이 소의 변경이 없다고 인정하는 경우에는 심리를 그대로 진행하면 되고, 다만 당사자 사이에 다툼이 있으면 중간적 재판 또는 종국판결의 이유에서 판단하면 됩니다.

소의 변경의 적법성의 요건은 법원의 직권조사사항입니다.

다만 청구의 기초의 동일성에 대하여는 피고가 동의하거나 이의 없이 본안에 대하여 변론하면 소의 변경이 허용되므로 직권으로 조사할 필요는 없고 피고가 이의를 하는 경우에만 판단합니다.

민사소송법 제236조에 의하여 소의 변경은 있지만 그것이 부당하다고 인정하는 경우에는 법원은 상대방의 신청에 의하거나 또는 직권으로 그 변경을 허용하지 않는다는 결정을 하여야 한다고 규정하고 있습니다. 이러한 소 변경불허결정은 소송지휘 적인 재판이며 중간적 결정이므로 이에 대하여 독립하여 불복할 수 없으며 종국판결에 대한 상소로써만 다툴 수 있다는 판례의 입장입니다.

4. 소변경의 허가

법원은 소변경의 요건이 갖추어졌다고 인정하는 경우에는 명시적으로 소 변경을 허용한다는 결정을 할 필요는 없고, 소의 교환적 변경의 경우에는 바로 신 청구에 대하여만 소의 추가적 변경의 경우에는 신 청구에 대하여도 심리를 하면 됩니다.

다만 상대방이 소의 변경의 적법성을 다투는 경우에는 소의 변경을 허가하는 취지의 결정을 하거나 종국판결의 이유에서 판단합니다.

제7장 소의 변경과 석명의무

당사자가 완전무결한 소송수행을 하지 못하는 경우에 처분권주의와 변론주의 때문에 법원이 스스로 이를 보완할 수는 없으나 그렇다고 그대로 방치해 둘 수는 없는 노릇입니다. 그리하여 법원이 처분권주의나 변론주의와 조화를 이루면서 당사자 스스로 하여금 이러한 불완전한 소송수행을 보완할 수 있도록 하는 방법으로 석명권이 만들어졌습니다.

민사소송법 제126조 제1항은 '재판장은 소송관계를 명료하게 하기 위하여 당사자에게 사실상과 법률상의 사항에 관하여 질문하거나 입증을 촉구할 수 있다'고 규정하고 있습니다. 이러한 석명권의 행사는 법문상법원의 권한으로서 규정되어 있기는 하지만 법원의 의무이기도 하다는 것은 일반적으로 인정되고 있습니다. 흔히 석명권은 변론주의의 보완 또는 수정원리로서 논의되고 있으나 처분권주의의 보완 또는 수정원리로서도 기능하고 있습니다.

석명권은 당사자를 적극적으로 활동하도록 하며, 당사자의 자유를 보장하고 나아가 소송을 촉진시킨다는 여러 가지 기능을 합니다. 따라서 석명권의 본질적인 목적 내지 기능은 바로 적정한 재판에 있습니다. 대법원은 법률전문가가 아닌 당사자본인이 소송을 수행하는 경우에 입증책임의 원칙에 따라 입증이 없는 것으로 보아 판결할 것이 아니라 입증을 촉구하는 등 석명권을 적절히 행사하여 진실을 밝혀 구체적 정의를 실현하려는 노력을 게을리하지 않아야 한다고 하고 법률전문가가 아닌 당사자의 주장과 그가 제출한 증거내용 사이에 모순이 있을 경우 법원으로서는 이를 지적하여 입증을 촉구하는 등 석명권을 행사할 의무가 있다고 하고 법률전문가가 아닌 피고 본인이 변론기일에 출석하여 항소인으로서 적절한 불복이유를 진술하지 못하고 있다면 법원으로서는 불복의 이유가 무엇인지 석명을 구해볼 필요가 있다고 하고 있습니다.

청구의 범위가 명확하지 않은 때에는 법원은 석명권을 행사하여 이를 명확히

하여야 한다고 합니다. 따라서 청구취지만으로는 어느 부동산에 관한 청구인지가 분명히 되어 있지 않지만 원고가 제출한 증거에 의하면 이를 쉽게 알 수 있는 경우 불분명한 청구취지를 석명하여야 하고, 청구취지의 기재 자체만으로 보아서는 당사자가 소송물인 점을 주장하고 있다면 법원은 청구취지가 청구원인 사실에서 주장하는 것과 같은 것인지를 석명하여야 하여야 합니다.

1. 방식 및 절차

청구의 변경은 청구취지와 청구원인 중 어느 하나 또는 모두를 변경하는 방법으로 합니다. 청구취지에서 종전의 심판의 형식을 변경하거나 청구의 목적을 변경하거나 또는 청구의 범위를 확장하는 때에는 청구의 변경이 이루어지게 됩니다. 청구원인을 변경하더라도 그 청구의 형태인 청구취지에 변동이 없는 때(예를 들어 매매를 원인으로 한 물건의 인도 청구와 증여를 원인으로 한 인도 청구는 청구원인은 다르나 청구취지는 동일합니다)는 청구원인만 변경하시면 됩니다.

2. 절차

소송물에 관하여 청구원인의 변경은 청구의 변경이 아닙니다.

판례는 소송물론의 입장에서 청구를 이유 있게 하는 권리를 변경하는 것은 청구의 변경에 해당한다고 보고 있습니다. 따라서 하나의 사실관계로부터 동일한 목적을 가진 수개의 실제법상청구권 또는 형성권이 생기는 원고는 청구의 변경으로 모든 권리에 관하여는 판단되지 아니하며 기판력도 마치기 아니합니다.

원고는 청구의 변경으로 모든 권리에 관하여 일거에 판단을 받을 수도 있지만 기판력도 그 모든 권리에 미치므로 패소한 경우 권리 구제의 길은 그만큼 더 차단됩니다.

3. 방식

청구취지의 변경은 서면에 의하여 하여야 합니다.

서면에 의하지 않는 청구취지의 변경에 대하여 상대방이 지체 없이 이의하지 아니한 경우에는 이의권이 상실됩니다. 청구취지의 감축은 원칙적으로 소의 일부 취하이므로 반드시 서면에 의할 필요는 없습니다.

보충 또는 정정함에 그치는 경우도 청구의 변경에 해당하지 않으므로 반드시 서면에 의할 필요는 없습니다. 구술(말)에 의하여 소의 제기가 허용되는 소액사건 심판절차 사건의 경우에는 청구의 변경도 구술(말)로 가능합니다.

변경하여 소송목적의 값(청구금액 또는 소가)이 증가(확장)한 경우에는 그 차액에 해당하는 인지를 붙여야 합니다. 청구를 변경하는 서면은 법원이 상대방에게 민사소송법 제262조 제3항에 의하여 송달하여야 하고, 그 송달로써 비로소 새로운 청구에 대하여 소송계속의 효과가 민사소송법 제265조에 의하여 발생합니다.

4. 요건

청구의 기초에 변경이 없어야 청구의 변경을 할 수 있습니다. 예를 들어 (1)동일한 청구원인을 기초로 하여 청구취지를 변경한 경우 (2)신·구 청구 중 어느 쪽이 다른 쪽의 변형물이거나 부수물인 경우 (3)동일한 급부나 형성을 목적으로 하면서 법률적 구성만을 달리하는 경우 (4)동일한 사실이나 이익에 관한 것인데 분쟁해결방법만을 달리하는 경우에는 청구의 기초에 변경이 없는 것으로 봅니다.

소송절차를 현저하게 지연시키지 않아야 청구의 변경을 할 수 있습니다. 사실심(제1심 제2심)에 계속 중이고 변론종결 전이어야 청구의 변경을 할 수 있습니다. 그 외에 신·구 청구가 동종의 소송절차에 의하여 심리될 수 있어야 하며 서로 다른 법원의 전속관할에 속하지 않아야 청구의 변경을 신청할 수 있습니다.

(1) 청구취지확장 및 원인 변경신청서 - 손해배상 청구의 소 신체감정결과에 따른 청구취지
확장 원인변경신청서

청구취지확장 및 원인 변경신청서

사　　건　：　○○○○가단○○○○호　　손해배상
원　　고　：　○　　　　○　　　　　○
피　　고　：　○　　　○　　　○　외1

변 경 후 소 가	금 70,000,000 원
(변경후)총인지액	금 320,000 원
기 첩 부 인지액	금 230,000 원
추가첩부 인지액	금 90,000 원
접수담당 공무원	
접수인	

○○○○ 년 ○○ 월 ○○ 일

위 원고 : ○ ○ ○ (인)

여주지원 민사 제2단독 귀중

청구취지확장 및 원인 변경신청서

사 건 : ○○○○가단○○○○호 손해배상

원 고 : ○   ○   ○

피 고 : ○   ○   ○ 외1

위 당사자 간 손해배상 청구사건에 관하여 원고는 다음과 같이 청구취지 확장 및 청구원인을 변경합니다.

- 다 음 -

확장된 청구취지

1. 피고는 원고 ○○○에게 금 70,000,000원과 이에 대하여 ○○○○. ○○. ○○.부터 이건 판결 선고일 까지는 연 5푼의, 그 다음날부터 완제일까지는 연 12%의 비율에 의한 금원을 지급하라.

2. 소송비용은 피고들의 부담으로 한다.

3. 위 제1항은 가집행할 수 있다.

라는 판결을 구합니다.

변경된 청구원인

이건 종전 소장기재 청구원인 사실 중,

제1항 신분관계,

제2항 손해배상책임의 발생

제4항 위자료 청구 부분에 관하여는 소장기재 사실대로 유지하고,

제3항 손해배상의 범위 및 제5항 결론에 대하여는 아래와 같이 변경합니다.

3. 원고 ○○○에 대한 손해배상의 범위

가. 원고의 연령, 성별 및 기대여명

원고는 이 사건 당시 15년 5월의 소년으로, 우리나라 남자 평균 생존 기대여명은 56.48년이므로, 위 원고에게 이 사고가 없었더라면 71세까지 생존이 가능하다 할 것입니다.(갑 제6호증의 1,2참조)

나. 노동능력상실정도

이건 사고로 인하여 귀원 촉탁에 의한 의과대학 신경외과의사 작성의 신체감정서에 의하면, 대동맥판막폐쇄증 수술을 받은 후 뇌혈류장애로 인한 뇌경색을 일으켰다고 적시되었고 심리검사결과 동작성 지능지수는 63정도로 지능저하증이 심하고, 실어증과 우측 상하지 불완전마비증으로 정서생활이나 공동사회생활이 불가능하여 여명 기간 동안 개호인을 필요로 하며 앞으로 3년이상 각종 약, 물리치료 및 언어치료가 필요하다고 밝히고 있습니다.

결국 원고 ○○○은 이건 사로로 평생 폐인간으로 도시 또는 농촌의 일용인부로 종사하는 경우 등에도 그 노동능력의 100%를 상실하여 인간으로서의 기능이 완전 상실되었습니다.(신체감정서 참조)

다. 적극적 손해

(1) 치료비 및 간병비 지출손해

위 원고는 이건 사고로 피고 ○○병원에 이미 지불한 치료비 외에 실제 지출한 치료비와 유급간병인 1인을 두고 대소변을 받아내고 식사를 돕는 등 간병비를 지출하였습니다.

○○병원치료비 5,857,700원(갑제 33호증의1 치료비 영수증)
○○의원 응급실 치료비 855,000원(갑제 33호증의2 치료비 영수증)
간병비(여 1인) 600,000원(월)×

(2) 향후치료비 및 보존기구대

원고는 현재 식물인간이 되어 그 생명을 유지하기 위해서는 계속적인 치료가 예상될 뿐만 아니라 보조기구도 필요할 것이 명백함에 따라 향후 신체감정 등 그 입증결과에 따라 그 각 청구액을 특정할 것입니다.

(3) 개호인비

원고는 그 여명기간 동안 계속적인 개호가 필요한 것으로 예상되므로 이 역시 앞으로의 입증결과에 따라 청구액을 특정할 것입니다.

라. 소극적 손해

(1) 원고의 일실수익

원고는 그의 여명범위 내로서 한국인의 통상 가동연한인 만 20세부터 만 60세가 될 때까지 480개월간 도시일용노동에 계속 종사할 수 있음이 경험칙상 명백하므로 위와 같이 식물인간이 되므로 인하여 입은 그 노동능력상실정도에 상응한 보통인부 노임 상당의 일실이익손해는 향후 신체감정결과 등 그 입증결과에 따라 그 청구액을 특정할 것입니다.

4. 결론

그렇다면 피고는 원고 ○○○에게 금 70,000,000원을 지급할 의무가 있습니다.

소명자료 및 첨부서류

1. 갑 제9호증   진단서

1. 갑 제10호증   소견서

○○○○ 년 ○○ 월 ○○ 일

위 원고(선정당사자) : 0 0 0   (인)

홍성지원 민사 제2단독 귀중

청구취지 및 원인 추가 변경신청서

사　　　건 : ○○○○가소○○○○호 손해배상(기)

원　　　고 : ○　　　○　　　○

피　　　고 : ○　　　○　　　○

변 경 후 소 가	금	원
(변경후)총인지액	금	원
기 첩부 인지액	금	원
추가첩부 인지액	금	원
접수담당 공무원		
접수인		

○○○○ 년 ○○ 월 ○○ 일

위 원고 : ○　○　○　　(인)

양산시법원 민사 제1단독 귀중

청구취지 및 원인 추가 변경신청서

사　　　건 : ○○○○가소○○○○호 손해배상(기)

원　　　고 : ○　　　○　　　○

피　　　고 : ○　　　○　　　○

위 사건에 관하여 원고는 다음과 같이 청구취지 및 청구원인을 추가 변경합니다.

- 다　　음 -

변경한 청구취지

1. 피고는 원고에게 금 ○○,○○○,○○○원 및 이에 대하여 이 사건 소장 부
   본 송달 다음날부터 다 갚는 날까지 연 12%의 비율에 의한 돈을 지급하라.

2. 소송비용은 피고의 부담으로 한다.

3. 위 제1항은 가집행 할 수 있다.

라고 청구취지를 변경하고,

변경한 청구원인

1. 청구원인 제3항을 아래와 같이 추가합니다.

- 아 래 -

2. 정신적 손해

원고는 피고의 가해행위로 인하여 노동능력상실율이 10% 발생하였는바, 이에 대한 원고의 노동능력상실에 따른 정신적 고통에 대하여 피고는 위로하고 도와줄 의무가 있다 할 것인바, 그 금액으로는 금 ○○,○○○,○○○원이 타당하다 할 것입니다.

소명자료 및 첨부서류

1. 울산지방법원 위자료산정기준안내문(노동능력상실시)   1통
1.신청서부본   1통

○○○○ 년 ○○ 월 ○○ 일

위 원고 : ○ ○ ○   (인)

양산시법원 민사 제1단독 귀중

(3) 청구취지감축 및 원인 일부 변경신청서 - 물품대금 착오에 의한 청구취지 감축 및 원인
일부 변경신청서 최신서식

청구취지감축 및 원인 변경신청서

사　　　건 : ○○○○가소○○○○호　물품대금

원　　　고 : ○　　　○　　　○

피　　　고 : ○　　　○　　　○

변 경 후 소 가	금	원
(변경후)총인지액	금	원
기 첨부 인지액	금	원
추가첨부 인지액	금	원
접수담당 공무원		
접수인		

○○○○ 년 ○○ 월 ○○ 일

위 원고 : ○　○　○　　(인)

강화군법원 민사 제1단독 귀중

청구취지감축 및 원인 변경신청서

사 건 : ○○○○가소○○○○호 물품대금
원 고 : ○   ○   ○
피 고 : ○   ○   ○

위 사건에 관하여 원고는 다음과 같이 청구취지감축 및 청구원인을 일부 변경합니다.

- 다   음 -

감축한 청구취지

1. 피고는 원고에게 금 4,433,640원을 지급하고, 이에 대하여 ○○○○. ○○. ○○.부터 이 사건 소장 부본 송달 일까지는 연 5푼, 그 다음날부터 다 갚는 날까지는 연 12%의 비율에 의한 금원을 지급하라.

2. 소송비용은 피고의 부담으로 한다.

3. 위 제1항은 가집행 할 수 있다.

라고 청구취지를 감축하고,

변경한 청구원인

1. 피고가 원고에게 갑제1호증의 현금보관증을 작성하여 교부하고 ○○○○. ○○. ○○.까지 금 11,453,090원을 지급하겠다고 하였으나 그 후 수회에 걸쳐 금 7,019,450원은 지급하고 나머지 금 4,433,640원을 지급하지 않고 있습니다.

2. 원고가 관리하는 거래장부에는 피고가 경영하는 ○○금속으로 관리하고 있는데 혼동되어 입금된 금액을 구분을 하지 못한 관계로 일부금액이 누락되어 착오가 일어 난 것으로 이를 바로 잡고자 합니다.

소명자료 및 첨부서류

1. 갑 제○호증   거래내역서

1. 갑 제○호증   인수증

○○○○ 년 ○○ 월 ○○ 일

위 원고 : ○ ○ ○   (인)

강화군법원 민사 제1단독 귀중

(4) 청구취지 및 원인일부 정정신청서 - 추심금청구 채무자의 임대료청구권에 대한 청구취지 일부정정신청서 최신서식

청구취지원인일부정정신청서

사　건 :　○○○○가단○○○○호　추심금 청구
원　고 :　○　　　○　　　○
피　고 :　○　　　○　　　○

변 경 후 소 가	금	150,000,000원
(변경후)총인지액	금	655,000원
기 첨부　인지액	금	230,000원
추가첨부 인지액	금	425,000원
접수담당 공무원		
접수인		

○○○○ 년 ○○ 월 ○○ 일

위 원고 : ○ ○ ○　(인)

춘천지방법원 민사5단독 귀중

청구취지원인일부정정신청서

사　　건 : ○○○○가단○○○○호　추심금 청구
원　　고 : ○　　　○　　　○
피　　고 : ○　　　○　　　○

　위 당사자 간 추심금 청구사건에 관하여 원고는 아래와 같이 청구취지확장 및 청구원인 일부 정정신청서를 제출합니다.

- 다　음 -

청구취지확장

1. 피고는 원고에게 금 150,000,000원 및 이에 대하여 금 50,000,000원은 ○○○○. ○○. ○○.부터 소장부본이 송달된○○○○. ○○. ○○.까지는 연 5%의, 금 50,000,000원은 ○○○○. ○○. ○○.부터, 금 5 0,000,000원은 ○○○○. ○○. ○○.부터 청구취지확장 및 청구원인정정신청서가 송달된 날까지 연 5%의, 그 다음날부터 다 갚을 때까지 연 12%의 비율에 의한 금원을 지급하라.

2. 소송비용은 피고의 부담으로 한다.

3. 제1항은 가집행할 수 있다.

라는 판결을 구합니다.

청구원인일부정정

1. 소장기재의 청구원인 제 1항, 2항, 3항, 4항은 그대로 원용합니다.

2. 따라서 원고는 피고로부터 피고가 소외 장원산업 주식회사에 매월 지급하여야 하는 월임대료 ○○○○년 7월분(지급일 ○○○○. ○○. ○○.금 50,000,000원), 8월분(지급일 ○○○○. ○○. ○○. 금 50,000,0 00원), 9월분(○○○○. ○○. ○○. 금 50,000,000원) 합계 금 150,00 0,000원 중, 7월분 금 50,000,000원에 대해서는 임대료 지급일 그 다음날인 ○○ ○○. ○○. ○○.부터 이 사건 소장부본이 송달된 ○○○○. ○○. ○○.까지는 연 5%의, 8월분 금 50,000,000원에 대해서는 임대료 지급일 그 다음날인 ○○○○. ○○. ○○.부터 9월분 금 50,000,000원에 대해서는 임대료 지급일 그 다음날인 ○○○○. ○○. ○○.부터 각 청구취지확장 및 청구원인 일부 정정신청서가 피고에게 송달된 날까지는 연 5%의. 그 다음날부터 완제일까지는 연 12%의 비율에 의한 각 지연손해금의 지급을 구하기 위하여 이 사건 청구에 이른 것입니다.

소명자료 및 첨부서류

1. 갑 제9호증   임대차계약서

○○○○ 년 ○○ 월 ○○ 일

위 원 고 : ○ ○ ○   (인)

춘천지방법원 민사5단독 귀중

(5) 청구취지 및 원인 변경신청서 - 손해배상 청구소송 진단결과에 의하여 청구취지 및 청구원인변경신청서 최신서식

청구취지 및 원인 변경신청서

사　　건 : ○○○○가단○○○○호　　손해배상
원　　고 : ○　　　○　　　○　외3
피　　고 : ○　　　○　　　　○

변 경 후 소 가	금	원
(변경후)총인지액	금	원
기 첩 부 　인지액	금	원
추가첩부 인지액	금	원
접수담당 공무원		
접수인		

○○○○ 년 ○○ 월 ○○ 일

위 원고 : ０ ０ ０ (인)

홍성지원 민사 제2단독 귀중

청구취지 및 원인 변경신청서

사　건 : ○○○○가단○○○○호　손해배상
원　고 : ○　　○　　○ 외3
피　고 : ○　　○　　○ 외1

위 당사자 간 손해배상 청구사건에 관하여 원고 선정당사는 다음과 같이 청구취지 및 청구원인을 변경합니다.

- 다　음 -

변경된 청구취지

1. 피고들은 연대하여 원고 ○○○에게 금 46,919,692원, 원고 ○○○에게 금 3,000,000원, 원고 ○○○. 원고 ○○○에게 각 금 2,000,000원 및 이에 대한 ○○○○. ○○. ○○.부터 이 사건 소장 부본이 송달된 날까지는 연 5푼, 그 다음날부터 완제일까지는 연 12%의 각 비율에 의한 금원을 지급하라.

2. 소송비용은 피고들의 부담으로 한다.

3. 위 제1항은 가집행할 수 있다.

라는 판결을 구합니다.

변경된 청구원인

1. 당사자들의 지위

원고 ○○○은 본 건 사고를 당한 피해자 본인이고, 원고 ○○○은 원고 ○○○의 처이고, 원고 ○○○. 같은 ○○○은 원고 ○○○의 자녀들이고, 피고들은 본 건 사고를 야기한 불법행위자들입니다.

2. 손해배상책임의 발생

(1) 원고 ○○○은 ○○○○. ○○. ○○. 피고 ○○○가 시공 중인 ○○○도 ○○시 ○○로길 ○○, 소재 ○○신축공사장에 피고 ○○○이 배관공사 등을 하청 받아 공사하는 현장에서 배관공으로 용접작업을 하던 중, 작업대의 발판이 넘어지는 바람에 아래로 추락하여 뇌좌상. 두개기저부골절, 임상적. 좌측측두골 골절. 우측이(耳)개열창. 좌측고막파열이라는 중상을 입고 말았습니다.

(2) 원고 ○○○에 사용자 지위에 있는 피고들로서는 재해사고 방지를 위해 현장 감독자를 배치하고 작업대 등의 안전성을 수시로 점검하는 등 사고 방지를 위한 제반주의 의무를 다하여야 함에도 불구하고 이를 게을리 한 잘못이 있는바 민법 제750조 동 756조 규정에 의하여 이건 원고들이 입은 재산적. 정신적 손해를 배상할 의무가 있다 할 것입니다.

3. 손해배상의 범위

가, 일실수익

(1) 원고 ○○○은 ○○○○. ○○. ○○.생으로 이건 사고당시 ○○세○○개월 남짓한 신체건강 한 남자로서, 평균기대여명은 ○○.○○년 가량 되므로 특단의 사정이 없는 한 만 71세 상당까지 생존이 가능하다 할 것입니다.

(2) 원고 ○○○은 이건 사고에 이르기까지 설비 및 배관 공으로 피고들의 공사현장에서 근무하였고, ○○○○년도 건설업임금실태조사에 의하면 배관공의 월수입은 금 1,295,954원(58,907×22일)이고 위 원고가 60세가 되는 ○○○○. ○○. ○○.까지 223개월간 호프만 식 계산법에 의하여 계산을 하면은 금 204,061,564원(1,29 5,954×157.4605(호프만수치)223개월)이 됩니다.

(3) 위 원고는 이 사건 사고로 1년에 가까운 기간 동안 치료를 받았으나 좌측 측두 두개저 골절. 고막파열로 인한 후유 장애가 남게 되었는바 신경외과의 그 장애정도는 맥브라이드 두부 뇌척수 1x b1 항목 적용의 배관공으로서 노동력상실 율 직업등급 5에 적용 15% 의 개선불가 능 한 장애가 이비인후과의 그 장애정도는 맥브라이드(표14,15) ("귀" 항 2-g-5) 국가배상법 시행령(9급7항) 노동력상실 율 20%의 개선불가 능 한 장애에 해당합니다.(신체감정촉탁결과)

(4) 따라서 위 원고가 이 사건 사고로 인하여 상실한 일실수익금을 계산하면 그 금액은 아래와 같이 금 40,812,312원에 이르게 됩니다.

계산 : 월수입 금 1,295,954원(1일 58,907원×22일)×60세가 되는 2018년8월21일까지(1,295,954×157.4605(호프만수치) 223개월간의 금 204,061,564원에서 장애율 20%의 금 40, 812,312원이 됩니다.

나. 치료비 등

(1) 원고 ○○○은 ○○○○. ○○. ○○.부터 ○○○○. ○○. ○○.까지 ○○시 ○○구 ○○로 ○○, 소재 ○○○병원 등에서 치료를 받은 데 대한 치료비로 금 1,107,380원을 부담하였습니다.

다. 위자료

(1) 원고 ○○○은 이 사건 사고로 인하여 장기간치료를 받아야 하고 후

유 장애가 영구적으로 남게 되어 남은여생을 장애자로 살아야 하는 등 심한 정신적 고통을 입게 되었고 그의 배우자인 원고 ○○○과 자녀들인 나머지 원고들 역시 심한 정신적 고통을 입었음을 경험칙상 분명하므로 피고들은 위와 같은 원고들의 정신적 고통을 금전으로나마 위로할 의무가 있다 할 것인 바, 이 사건 사 고의 경위와 제반 사정을 감안하면 그 위자료 액수는 원고 ○○○에게는 금 5,000,000원, 원고 ○○○에게는 금 3,000,000원, 나머지 원고들 에 대하여는 각 금 2,000,000원씩 위자함이 상당하다 할 것입니다.

4. 결어

그렇다면 원고 ○○○은 합계 금 46,919,692원(일실소득액 금 40,812,3 12원+위자료 금 5,000,000원+치료비 금 1,107,380원), 원고 000는 금 3,000,000원(위자료 금 3,000,000원), 나머지 원고들은 각 금 2,000,000원(위자료) 씩의 금원과 위 각 금원에 대한 피고들은 이건 불법행위의 다음날인 ○○○○. ○○. ○○.부터 이건 소장 부본 송달 일까지는 민법 소정의 연5푼, 그 다음날부터 완제일까지는 소송촉진 등에 관한 특례법 소정의 연 12%의 비율에 의한 금원을 지급할 의무가 있다 할 것입니다.

소명자료 및 첨부서류

1. 갑 제9호증   진단서

1. 갑 제10호증   소견서

○○○○ 년 ○○ 월 ○○ 일

위 원고(선정당사자) : 0 0 0   (인)

홍성지원 민사 제2단독 귀중

청구취지변경(확장)신청서

사　　건 : ○○○○가단○○○○호　　소유권이전등기

원　　고 : ○　　　○　　　○

피　　고 : ○　　　○　　　○

변 경 후 소 가	금	원
(변경후)총인지액	금	원
기 첩부　인지액	금	원
추가첩부 인지액	금	원
접수담당 공무원		
접수인		

○○○○ 년 ○○ 월 ○○ 일

위 원고 : 0 0 0　(인)

창원지방법원 민사3단독 귀중

청구취지변경(확장)신청서

사　　건 :　○○○○가단○○○○호　　소유권이전등기
원　　고 :　○　　　○　　　○
피　　고 :　○　　　○　　　○

원고는 종전 청구취지를 주위적 청구취지로 변경하고, 예비적 청구취지를 추가합니다.

종전 청구취지(주위적 청구취지)

1. 피고는 원고에게 별지 목록 기재 부동산에 관하여 ○○○○. ○○. ○○. 매매를 원인으로 한 소유권이전등기 절차를 이행하라.

2. 소송비용은 피고의 부담으로 한다.

추가 청구취지(예비적 청구취지)

1. 피고는 원고에게 금 778,493,900원 및 이에 대한 이 사건 청구취지변경신청서 송달 다음날부터 다 갚는 날까지 연 12%의 비율에 의한 금원을 지급하라.

2. 소송비용은 피고의 부담으로 한다.

3. 제1항은 가집행할 수 있다.

변경한 청구원인

1. 주위적 청구원인

   (1) 원고는 ○○○○. ○○. ○○.경 피고에게 사업자금 금 5억 원을 대여하였다가 이를 변제받지 못하고 있던 중인 ○○○○. ○○. ○○. 피고와의 사이에서 위 채무의 이행을 위하여 별지 목록 기재 부동산(당초 경상남도 창원시 ○○구 ○○로 ○○, 일원 ○○사업 쇼핑몰 B블럭 1층 ○○○호 판매시설 전용면적 ○○○.○○㎡, 이하 이 사건 부동산이라고만 하겠습니다)에 관한 분양계약을 체결하였던바, 위 부동산의 매매대금을 778,493,900원(분양가 719,80 5,000원/부가가치세 58,688,900원)으로 정하여 원고가 그 대금 전액을 완납한 것으로 하되, 만일 피고가 ○○○○. ○○. ○○.까지 위 채무 원리금을 변제하면 위 분양계약을 합의해제하기로 약정하였습니다.

   (2) 피고는 위 약정기한인 ○○○○. ○○. ○○.까지 원고에게 그 채무를 이행하지 아니하였으므로 결국 피고는 위 분양계약에 따라 원고에게 이 사건 부동산에 관하여 ○○○○. ○○. ○○. 매매를 원인으로 한 소유권이전등기 절차를 이행할 의무가 있다고 할 것입니다.

2. 예비적 청구원인

   (1) 피고는 위에서 본바와 같이 원고에게 이 사건 부동산에 관하여 ○○○○. ○○. ○○. 매매를 원인으로 한 소유권이전등기 절차를 이행할 의무가 있습니다.

   (2) 그런데 원고가 위와 같이 ○○○○. ○○. ○○. 피고와의 사이에서 이 사건 부동산 분양계약을 체결할 당시 원고로서는 그 사실을 전혀 모르고 있었지만, 위 부동산에 관하여 창원지방법원 ○○등기소 ○○○○. ○○. ○

○. 접수 제○○○○호로 피고 명의의 소유권이전등기가 경료 된 후 같은 해 ○○.○○.자로 위 부동산에 관하여 창원지방법원 ○○○○카단○○○○호로 청구금액 925,992,000원, 채권자 주식회사 ○○○에 대한 가압류등기가 경료되어 있었습니다.

(3) 나아가, 이 사건 부동산에 관하여 같은 등기소 ○○○○. ○○. ○○. 접수 제○○○○호로 같은 해 ○○. ○○. 신탁을 원인으로 한 수탁자 대한토지신탁 주식회사 명의의 소유권이전등기가 경료되어 있는바, 피고와 위 회사 사이의 신탁계약에 의하면 위 신탁계약의 우선수익자로 한국토지주택공사가 지정되어 있어 위 부동산에 대한 신탁재산 지분 및 소유권이전은 우선우익권자인 한국토지주택공사의 요청에 의해서만 가능하다는 것입니다.

(4) 따라서, 이 사건 부동산에 관하여 ○○○○. ○○. ○○. 매매를 원인으로 한 원고 명의의 소유권이전등기 절차를 이행할 피고의 의무는 사실상 이행불능 상태에 이르렀다고 보아야 할 것이고, 이로 인하여 원고가 입은 손해는 분양대금에 상당하는 금 778,493,900원 이라고 할 것이므로 결국 피고는 원고에게 그 이행불능으로 인하여 원고가 입은 금 778,493,900원의 손해를 배상할 책임이 있다고 할 것입니다.

3. 결론

원고는 피고에게 주위적으로 이 사건 부동산에 관한 ○○○○. ○○. ○○. 매매를 원인으로 한 소유권이전등기 절차이행을 구하고, 예비적으로 778,493,900원 및 이에 대한 이 사건 청구취지변경신청서 송달 다음날부터 완제일까지 연 12%의 비율에 의한 지연손해금의 지급을 구하는바, 원고의 피고에 대한 주위적 청구 또는 예비적 청구는 인용되어야 할 것입니다.

소명자료 및 첨부서류

1. 인지 등 납부서　　　　　　　　　　　　　　　　　　　　1부

○○○○ 년 ○○ 월 ○○ 일

위 원고 : ０ ０ ０　(인)

창원지방법원 민사3단독 귀중

청구취지 원인 변경 신청서

사　　건 : ○○○○가단○○○○호　　근저당권설정등기 말소
원　　고 : ○　　　　○　　　　○
피　　고 : ○　　　　○　　　　○

변 경 후 소 가	금	원
(변경후)총인지액	금	원
기 첨부　인지액	금	원
추가첨부 인지액	금	원
접수담당 공무원		
접수인		

○○○○ 년 ○○ 월 ○○ 일

위 원고 : 0 0 0　(인)

울산지방법원 민사3단독 귀중

청구취지 원인 변경 신청서

사　　건 : ○○○○가단○○○○호　근저당권설정등기 말소
원　　고 : ○　　　○　　　○
피　　고 : ○　　　○　　　○

위 당사자 간 근저당권설정등기말소 청구사건에 관하여 원고는 아래와 같이 청구취지 및 청구원인 변경신청서를 제출합니다.

변경된 청구취지

1. 피고는 원고에게 별지 목록 기재 각 토지에 관하여 ○○지방법원 ○○등기소 ○○○○. ○○. ○○. 접수 제○○○○호로 경료 된 근저당권설정등기의 말소등기절차를 이행하라.

2. 소송비용은 피고의 부담으로 한다.

변경된 청구원인

1. 근저당권설정등기

   (1) 원고는 ○○○○. ○○. ○○.경 소외 ○○○을 통하여 피고로부터 금 1,500만원을 차용하였는데 같은 날 위 채무의 변제를 위하여 원고는 액면금 2,000만원, 지급지 및 발행지 서울특별시 일람출급 약속어음 1매를 발행, 피고에게 교부하면서 공증인가 ○○합동법률사무소 증서 ○○○○년 제○○○○호로 어음공정증서를 작성하여 주었습니다.(을 제1.2호증 참조)

   (2) 원고는 그 후 위 채무의 담보를 위하여 원고의 소유인 분할 전 ○○도 ○

○군 ○○면 ○○로 ○○. 산 ○○○번지 임야 ○○,○○○평방미터에 관하여 ○○지방법원 ○○등기소 ○○○○. ○○. ○○.접수 제○○○○호로 같은 날 설정계약을 원인으로 한 채권최고액 2,000만원, 채무자 원고인 피고 명의의 근저당권설정등기(이하 이 사건 근저당권설정등기라고 하겠습니다.)를 경료 하여 주었습니다.(갑 제2,3호증 참조)

(3) 위 분할 전 임야는 ○○○○. ○○. ○○. 분할되어 별지 목록 기재와 같이 같은 리 산 ○○○번지 임야 ○○,○○○평방미터와 같은 리 산 ○○번지의 1 임야 ○○○평방미터(이하 이 사건 토지라고 하겠습니다.)가 되었습니다.(갑 제4호증의 1,2호 참조)

(4) 원고는 그 무렵 소외 ○○○을 통하여 피고에게 위 차용금 채무 중 원금 전액을 변제하였고, 이에 대한 이자 300여만 원이 남아 있었으므로 ○○○○.경에 이를 변제하기 위하여 ○○○에 있는 소외 ○○○의 사채사무실로 찾아갔으나 사무실을 다른 곳으로 이전한 소외 ○○○을 만나지 못하여 이를 변제하지 못하고 돌아왔는데 원고로서는 그 연락처를 전혀 몰라 소외 ○○○으로부터 연락이 오기만 기다리던 중 세월이 흘러갔습니다.

2. 채무의 소멸

(1) 원고는 ○○○○. ○○. ○○.경 피고가 ○○지방법원 ○○지원 ○○○○타경○○○○호로 이 사건 토지에 관하여 임의경매신청을 한 후에야 비로소 원고가 소외 ○○○으로부터 빌렸던 돈의 출처가 피고였음을 알게 되었을 뿐으로서, 그 때까지만 하더라도 피고에 대하여는 전혀 모르고 있었던 바, 원고는 그 무렵 피고를 만나 당시 소외 ○○○에게 차용금의 원금 1,500만원을 전액 변제하였고 다만 이자 300만원을 위와 같은 사정으로 변제하지 못하였음을 알리면서 500만원의 지급을 제시하였으나 피고는 이를 거절하였습니다.

(2) 그런데, 원고의 이 사건 차용금 채무는 원고가 이를 담보하기 위하여 피고 명의의 이 사건 근저당권설정등기를 경료 하여 준 것을 채무의 승인이라고

보더라도 그 등기경료일인 ○○○○. ○○. ○○.부터 10년의 소멸시효기간이 경료 함에 따라 소멸되었다고 할 것이므로 결국 이 사건 근저당권설정등기의 피담보채무는 소멸시효의 완성으로 소멸되었다고 보아야 할 것입니다.

(3) 나아가, 원고가 발행한 약속어음상 채무에 관하여 보더라도, 위 어음의 발행일이 ○○○○. ○○. ○○.이고 그 지급기일을 일람출급으로 하여 발행한 것으로서 일람출급어음의 지급 제시는 발행일로부터 1년 내에 하여야 하는 것인데(어음법 제34조 제1항), 그 기간 내에 적법한 지급제시가 없었으므로 그 기간의 말일에 만기가 도래한 것으로 보고, 그 때부터 어음채무의 소멸시효가 진행한다고 보아야 할 것(대법원 2007.11.15. 선고 2007다40352 판결 참조)인 바, 위 어음상 채무자인 원고의 어음금 채무의 만기는 위 어음의 발행일로부터 1년이 지난 ○○○○. ○○. ○○.에 도래하여 그 다음날부터 소멸시효가 진행하여 이 때로 부터 3년의 소멸시효기간이 경료 함에 따라 소멸되었다고 할 것입니다.

3. 결론

그렇다면, 피고는 원고에게 이 사건 근저당권설정등기의 말소등기절차를 이행할 의무가 있다고 할 것이므로 원고의 이 사건 청구는 인용되어야 할 것입니다.

소명자료 및 첨부서류

1. 등기사항전부증명서   1부

○○○○ 년 ○○ 월 ○○ 일

위 원고 : ○ ○ ○   (인)

울산지방법원 민사3단독 귀중

(8) 청구취지감축 및 청구원인 보충신청서 - 대여금 수수료를 제외한 대여금으로 청구취지
감축 원인보정신청서

청구취지감축 및 원인 보충신청서

사　　건 : ○○○○가단○○○○호　　대여금청구

원　　고 : ○　　　　○　　　　　○

피　　고 : ○　　　○　　　　○　외1

변 경 후 소 가	금	원
(변경후)총인지액	금	원
기 첩부 인지액	금	원
추가첩부 인지액	금	원
접수담당 공무원		
접수인		

○○○○ 년 ○○ 월 ○○ 일

위 원고 : ０ ０ ０　(인)

대구지방법원 민사7단독 귀중

청구취지감축 및 원인 보충신청서

사　　건 : ○○○○가단○○○○호　　대여금청구
원　　고 : ○　　　○　　　　○
피　　고 : ○　　　○　　　○　외1

　위 당사자 간 대여금 청구사건에 관하여 원고는 다음과 같이 청구취지를 감축하고 청구원인을 보충합니다.

- 다　　음 -

감축하는 청구취지

1. 피고들은 연대하여 원고에게 금 60,000,000원 및 이에 대한 ○○○○.○○. ○○.부터 소장부본 송달 일까지는 연 5%의, 그 다음날부터 완제일까지는 연 12%의 각 비율에 의한 금원을 지급하라.

2. 소송비용은 피고의 부담으로 한다.

3. 위 제1항은 가집행 할 수 있다

라는 판결을 구합니다.

보충된 청구원인

1. 원고 회사가 피고 회사에 150,000,000원을 지급하였고, 그 중 90,000,000원은 ○○상가의 공사 알선 수수료 조로, 금 60,000,000원은 대여금으로 지급한 것임은 종전 주장과 같습니다.(유치수수료는 당연히 (주)○○과 피고 회사 사이의 문제이나 피고 회사의 자금사정이 어렵다 하여 원고 회사가 금 60,000,000원을 피고 회사에게 빌려주었고, 따라서 실제 거래 정산 즉 유치수수료 문제는 계약 당사자인 (주)○○과 피고 회사가 하도록 갑 제 3호증에 명시하였습니다.)

2. 원고 회사는 ○○상가 공사를 잘 수행하였고, 원고 회사의 현장 소장이었던 ○○○과장이 인접한 ○○상가의 상우회 관계자들을 설득하여 (주)○○통신과 구내 통신공사계약이 성사되도록 하였고, 따라서 용산 ○○상가는 피고 회사의 알선으로 이루어진 것이 아니므로 이에 대한 알선 수수료 요구는 있을 수 없습니다.

3. 한편 ○○상가의 구내 통신망 설치 공사는 ○○○○. ○○. ○○.부터 같은 해 ○○. ○○.까지 원고 회사가 실사 및 설계를 하였고(을제 9호증의 6), 같은 해 ○○. ○○.에 착공을 하였으며 공사도급계약은 같은 달 ○○. 이루어 졌는데(을제 13호증의 2), 그 이후인 같은 달 ○○. 피고 회사가 원고 회사에게 보낸 서면(을제 5호증의1, 2)에는 위 ○○상가에 대한 알선 수수료 부분은 기재되어 있지 않은 점으로 보아도 위 ○○상가 공사는 피고 회사의 노력으로 수주한 것이 아니라는 명백한 증거입니다.

4. 만일 위 90,000,000원이 공사 알선 수수료의 일부였다면 추가로 받을 돈이 있는 피고 회사로서는 이를 명시하거나 적어도 그러한 해석이 가능한 문구를 남겼을 것이나, 을제 3호증의 어디에도 그러한 기재는 없습니다. (위 합의서에「알선 수수료 등에 의한 세금 계산서로 ○○○○. ○○. ○○. 한 정산」이라고 기재한 부분은 90,000,000원을 지급하되 회계상 비용처리 등을 위하여 ○○. ○○.자 까지 피고 회사에 세금계산서를 발급해 줄 것을 요구한 내용일 뿐입니다.)

5. 또한 피고의 주장대로 한다면 피고 회사의 원고 회사에 대한 채무가 없으므로 피고 ○○○가 굳이 보증인으로 서명 날인할 이유가 없습니다.

소명자료 및 첨부서류

1. 갑 제9호증   공사도급계약서

1. 갑 제10호증   현황사진

○○○○ 년 ○○ 월 ○○ 일

위 원고 : ○ ○ ○   (인)

대구지방법원 민사7단독 귀중

(9) 청구취지 및 원인 변경신청서 - 판매대금 기히 변제받은 대금을 제외한 청구취지 감축
청구원인 변경신청서

청구취지 및 원인 변경신청서

사　　　건 : ○○○○가소○○○○호 판매대금
원　　　고 : ○　　　○　　　○
피　　　고 : ○　　　○　　　○

변 경 후 소 가	금	원
(변경후)총인지액	금	원
기 첨부 인지액	금	원
추가첨부 인지액	금	원
접수담당 공무원		
접수인		

○○○○ 년 ○○ 월 ○○ 일

위 원고 : ○　○　○　(인)

충주지원 민사 제2단독 귀중

청구취지 및 원인 변경신청서

사　　건 : ○○○○가소○○○○호 판매대금
원　　고 : ○　　　○　　　○
피　　고 : ○　　　○　　　○

위 사건에 관하여 원고는 다음과 같이 청구취지 및 청구원인을 변경합니다.

- 다　음 -

변경한 청구취지

1. 피고 ○○○은 원고에게 금 2,327,750원 및 이에 대한 소장부본이 송달된 그 다음날부터 다 갚는 날까지 연 12%의 비율에 의한 돈을 지급하라.

2. 소송비용은 피고의 부담으로 한다.

3. 위 제1항은 가집행 할 수 있다.

라고 청구취지를 변경하고,

변경한 청구원인

1. 청구원인 제2항의 피고 ○○○부분의 미수금액 6,373,214원을, 금 2,327,750원으로 변경합니다.

2. 피고는 ○○○은 미수금액 6,373,214원에서 ○○○○. ○○. ○○. 금 4,0
45,464원을 지급하여 잔액 2,327,750원이 남아 있습니다.

소명자료 및 첨부서류

1. 갑 제○호증   계좌이체 한 영수증

○○○○ 년 ○○ 월 ○○ 일

위 원고 : ○ ○ ○   (인)

충주지원 민사 제2단독 귀중

청구취지감축 및 원인 변경신청서

사　　건 : ○○○○가단○○○○호　　손해배상
원　　고 : ○　　　○　　　○ 외3
피　　고 : ○　　　○　　　○

변 경 후 소 가	금	원
(변경후)총인지액	금	원
기 첩부　인지액	금	원
추가첩부 인지액	금	원
접수담당 공무원		
접수인		

○○○○ 년 ○○ 월 ○○ 일

위 원고 : ０ ０ ０　(인)

춘천지방법원 민사5단독 귀중

청구취지감축 및 원인 변경신청서

사　　건 :　○○○○가단○○○○호　　손해배상
원　　고 :　○　　　　○　　　　○
피　　고 :　○　　　　○　　　　○

위 당사자 간 손해배상 청구사건에 관하여 원고는 다음과 같이 청구취지를 감축
하고 청구원인을 변경합니다.

- 다　음 -

감축하는 청구취지

1. 피고들은 연대하여 원고 ○○○에게 금 ○○,○○○,○○○원, 같은 ○○○
   에게 금 ○○,○○○,○○○원, 같은 ○○○, 같은 ○○○에게 각 금 ○,○○
   ○,○○○원 및 위 각 금원에 대하여 ○○○○. ○○. ○○.부터 이 사건 판
   결 선고 일까지는 연 5%의 그 다음날부터 다 갚는 날까지는 연 12%의 각
   비율에 의한 금원을 지급하라.

2. 소송비용은 피고들의 부담으로 한다.

3. 위 제1항은 가집행할 수 있다.

라는 판결을 구합니다.

변경된 청구원인

1. ○○○○. ○○. ○○.변경신청 한 청구원인 중, 원고 윤○○의 손해배상 범위를 변경하고 나머지 부분은 종전대로 유지하겠습니다.

2. 손해배상의 범위

    가. 원고 ○○○의 일실수익

    (1) 원고 ○○○은 ○○○○. ○○. ○○.생으로 이 사건 사고 당시인 ○○○○. ○○. ○○. 당시 나이 ○○세 ○월 남짓한 신체 건강한 성인 여자로서 한국인의 표준생명표에 의하면 그 평균여명은 ○○.○○년이고 가동기간은 이 사건 불법행위일 다음날인 ○○○○. ○○. ○○.부터 60세가 되는 ○○○○. ○○. ○○.까지 ○○○개월(○○년 ○○개월)이 됩니다,

    (2) 원고 ○○○은 이 사건 사고 당시 원고 ○○○와 ○○공인중개사무소를 직접 운영하여 수입을 얻었으나, 원고 ○○○에 대한 객관적인 수입을 입증하는데 어려움이 있으므로 부득이 도시일용 보통인부 일일노임에 의하여 위 원고의 일실수입을 구합니다.

    도시일용노동의 노임은 ○○○○. ○○. ○○.까지는 1일 금 ○○,○○○원, ○○○○. ○○. ○○.부터 ○○○○. ○○. ○○.까지는 1일 금 ○○,○○○원 ○○○○. ○○. ○○.부터 같은 해 ○○. ○○.까지는 1일 금 ○○,○○○원, ○○○○. ○○. ○○.부터는 1일 금 ○○,○○○원이고, 위와 같은 노동은 월평균 22일간은 종사할 수 있으므로 ○○○○. ○○. ○○.까지는 매월 금 ○○○,○○○원(00,000×22), ○○○○. ○○. ○○.부터는 매월 금 ○○○,○○○원(00,000×22), ○○○○. ○○. ○○.부터는 매월 금 ○○○,○○○원(00,000×22), ○○○○. ○○. ○○.부터는 금 ○○○,○○○원(00,000×22)의 수입을 얻

을 수 있습니다.

귀원의 ○○병원장에 대한 신체감정촉탁결과에 의하면 위 원고는 일용노동에 종사하는 경우라도 영구적으로 47.5%의 노동능력이 상실되었으므로 사고 발생일 다음날부터 가동 년 한까지 위 노동능력 상실률 상당의 수입을 상실하였다 할 것입니다. 이를 월 12분의 5의 비율에 의한 중간이자를 공제하는 호프만식 계산법에 따라 이 사건 사고 당시의 현가로 구하면 다음과 같습니다.(원미만 버림, 이하 같습니다.)

(3) 계산

① 입원기간 중 일실수익(○○○○. ○○. ○○.부터 ○○○○. ○○. ○○.까지 3개월 이상)

금 ○○○,○○○원(000,000×0.9958)

금 ○,○○○,○○○원 {000,000×(2.9752-0.9958)}

② ○○○○. ○○. ○○.부터 ○○○○. ○○. ○○.까지 일실수익

금 ○○○,○○○원 {000,000×(5.9140-2.9752)×0.475}

③ ○○○○. ○○. ○○.부터 ○○○○. ○○. ○○.까지 일실수익

금 ○,○○○,○○○원 {000,000×(12.6344-5.9140)×0.475}

④ ○○○○. ○○. ○○.부터 가동 년 한까지 일실수익

금 ○○,○○○,○○○원 {000,000×(122.3983-12.6344)×0.475}

⑤ 개호인의 비용(수상 후 3개월)

금 ○,○○○,○○○원(00,000×92)

이므로 ①+②+③+④+⑤ 합계 금액은 금 ○○,○○○,○○○원입니다.

나. 위자료

종전 ○○○○. ○○. ○○.자 청구취지 변경 내용을 그대로 유지하겠습니다.

3. 결론

그렇다면, 피고들은 연대하여 원고 ○○○에게 금 ○○,○○○,○○○원(일실수익금 등 ○○,○○○,○○○원+위자료 10,000,000원), 같은 ○○○에게 금 ○○,○○○,○○○원(일실수익금 등 ○○,○○○,○○○원+위자료 15,000,000원), 같은 ○○○, 같은 ○○○에게 각 금 3,000,0 00원 및 위 각 금원에 대하여 ○○○○. ○○. ○○.부터 이사건 판결 선고 일까지는 민법 소정의 연 5%의, 그 다음날부터 다 갚는 날까지는 소송촉진 등에 관한 특례법 소정의 연 12%의 각 비율에 의한 지연손해금을 지급할 의무가 있다할 것이므로 그 지급을 구하기 위하여 이건 청구에 이른 것입니다.

소명자료 및 첨부서류

1. 갑 제9호증 진단서

○○○○ 년 ○○ 월 ○○ 일

위 원고(선정당사자) : 0 0 0   (인)

춘천지방법원 민사5단독 귀중

청구원인 변경 신청서

사   건 : ○○○○드합○○○○호   재산분할
원   고 : ○   ○   ○
피   고 : ○   ○   ○

변 경 후 소 가	금	원
(변경후)총인지액	금	원
기 첩부 인지액	금	원
추가첩부 인지액	금	원
접수담당 공무원		
접수인		

○○○○ 년 ○○ 월 ○○ 일

위 청구인 : ○ ○ ○ (인)

부산지방법원 제2민사부 귀중

청구원인 변경 신청서

사 건 : ○○○○○느합○○○○호 재산분할
청구인 : ○   ○   ○
상대방 : ○   ○   ○

이 사건에 관하여 청구인은 다음과 같이 청구원인을 변경합니다.

- 다 음 -

1. 재산분할청구권의 발생

  가. 이혼

   (1) 청구인과 상대방이 ○○○○. ○○. ○○.혼인신고를 하였고, 그 사이에 세 자녀를 낳았습니다.

   (2) 상대방이 ○○지방법원 ○○지원 ○○○○드단○○○○호로 제기한 이혼청구사건에서 위 청구는 ○○○○. ○○. ○○. 인용되어 같은 달 ○○. 확정되었고, 위 소송의 결과에 의하여 ○○○○. ○○. ○○. 이혼신고가 이루어졌습니다.

  나. 따라서 청구인은 상대방에게 혼인 중 쌍방의 협력으로 이룩한 재산에 관한 분할을 청구할 권리가 있습니다.

2. 재산분할의 범위

  가. 재산분할의 대상

   (1) 별지 목록 1. 기재 부동산

(2) 퇴직금

상대방이 ○○○○. ○○. ○○. 부터 현재까지 ○○산업 주식회사에 과장으로 근무하여 오고 있고, 정년이 ○○○○. ○○. ○○.입니다.

(3) 연금

상대방이 ○○○○. ○○. ○○. 개인연금보험에 가입하였는데, 위 보험의 만기가 ○○○○. ○○. ○○.입니다.

나. 재산분할의 방법 등

(1) 재산의 가액 등

(가) 별지 목록 1. 기재 부동산의 가액

상대방이 ○○○○. ○○. ○○. ○○○에게 별지 목록 1. 기재 부동산을 매도하였는데 그 매매대금이 ○○○,○○○,○○○원(상대방의 ○○○○. ○○. ○○.준비서면)이므로, 위 부동산의 가액은 위 금액 상당이라 할 수 있습니다.

(나) 퇴직금

① 상대방이 ○○○○. ○○. ○○. ○○산업 주식회사에 과장으로 근무하여 오고 있고, 현재 ○,○○○,○○○원의 급여를 받고 있는데, ○○○○. ○○. ○○.말까지 근무하는 것을 전제로 한 예상퇴직금은 ○○○,○○○,○○○원입니다.

② 상대방이 ○○○○. ○○. ○○.이 정년인데, 정년까지 근속하는 경우 예상퇴직금은 ○○○,○○○,○○○원입니다.

(다) 연금

상대방이 가입한 개인연금보험은 ○○○○. ○○. ○○.부터 ○○○○. ○○. ○○.까지(○○○개월)인데 매월 50,000원을 납입하여야 하므로, 연금은 적어도 ○,○○○,○○○원 상당이 예상됩니다.

(2) 재산분할의 대상 및 방법

(가) 상대방이 청구인이 이 사건 소를 제기한 직후에 별지 목록 1. 기재 부동산을 매도하였고, 그 매매대금은 앞 서 본 바와 같이 ○○○,○○○,○○○원입니다.

(나) 재산분할은 혼인 중 부부 쌍방의 협력으로 이룩한 재산의 청산을 주된 목적으로 할 뿐 아니라 혼인관계 해소 후의 부양적 요소도 포함되며, 그 부양적 요소는 민법 제839조의 2 제2항 "기타 사정"으로 참작하면 족하다 할 것입니다.

① 청구인은 시어머니를 비롯하여 중학교, 고등학교에 다니던 시동생들과 생활하면서 3자녀를 출산하고 키우며 고생하였는데, 현재에는 갑 제10호증의 1에 기재된 바와 같이 자궁근종으로 전자궁 적출수술을 받아야 할 형편이고, ○○대학교를 졸업하여 취업 준비 중인 막내 딸과 ○○에서 사글세방에서 지내고 있습니다.

② 그러나 상대방이 현재 정년이 보장된 과장으로 재직중에 있으며 청구인과 이혼 한 후에는 별지 목록 2. 기재 부동산을 매수하여 소유하고 있습니다.

③ 따라서 상대방이 청구인과 이혼하였으나 26여 년간 청구인과 혼인관계에 있던 사람으로서 청구인이 상대방과 결혼생활 중에 3명의 자녀를 출산하고 키우느라 고생하는 바람에 자궁근종에 이른 것으로 볼 수 있으므로, 재산분할에 있어 자궁근종을 앓고 있는 청구인을 부양해야 한다는 의미를 배제할 수 없다 할 것이므로 상대방의 예상퇴직금과 연금이 재산 분할의 대상에 포함되어야 할 것입니다.

(다) 청구인과 상대방의 혼인기간은 26여년 되고, 청구인과 상대방이 혼인할 당시 별다른 재산이 없이 어렵게 시작한 점, 청구인이 식당종업원 등 맞벌이를 해오면서 3명의 자녀를 뒷바라지, 남편의 승진을 도와 온 점 등을 참작하면 상대방이 청구인에게 별지 목록 1. 기재 부동산 가액, 예상퇴직금(또는 위 퇴직금 중 재산분할 당시까지의 해당금액), 연금(또는 위 연금 중 재산분할 당시까지의 해당금액)의 합계 금액 (272,124,260=31,000,000원 +233,324 ,260원+7,800,000원, 또는 31,000,000원에 재산분할 당시까지의 예상퇴직금 및 연금을 합한 금액) 중 1/2 상당액을 지급하여야 할 것이나, 청구인은 우선 일부 금액인 청구취지 금액 금 95,000,000원 만을 청구하기로 합니다.

가사 위 주장이 인정되지 아니하더라도(즉 예상퇴직금 연금이 재산분할 대상이 되지 아니하더라도), 별지 목록 1. 기재 부동산을 분할함에 있어서는 예상퇴직금, 연금의 존재가 위 부동산의 분할액수와 방법을 정함에 있어서 참작되어야 할 것인데, 앞서 본 바와 같은, 청구인의 혼인생활 경위, 현재 청구인 질병과 가정형편, 특히 상대방이 위 부동산을 이 사건 소 제기 후 처분 한 점, 위 처분에 이미 별지 목록 2. 기재 부동산을 소유하는 등 상대방이 경제적으로 여유 있었던 점 등을 고려하여 별지 목록 1. 기재 부동산의 매매가액의 상당 전액이 청구인에게 분할되어야 할 것입니다.

다. 그렇다면, 상대방이 청구인에게 청구취지 금액을 지급할 의무가 있습니다.

3. 결론

청구인은 사실조회결과 ○○○○. ○○. ○○. 상대방이 준비서면에서 밝힌 별지 목록 1. 기재 부동산 매매대금에 근거하여 청구원인을 변경합니다.

○○○○ 년 ○○ 월 ○○ 일

위 청구인 : ㅇ ㅇ ㅇ   (인)

부산지방법원 제2민사부 귀중

청구취지 및 원인 변경신청서

사　　　건 : ○○○○가단○○○○호 대여금
원　　　고 : ○　　　○　　　○
피　　　고 : ○　　　○　　　○

변 경 후 소 가	금	원
(변경후)총인지액	금	원
기 첩부　인지액	금	원
추가첩부 인지액	금	원
접수담당 공무원		
접수인		

○○○○ 년 ○○ 월 ○○ 일

위 원고 : ○　○　○　　(인)

전주지방법원 민사 제3단독 귀중

청구취지 및 원인 변경신청서

사　　건 : ○○○○가단○○○○호 대여금
원　　고 : ○　　　○　　　○
피　　고 : ○　　　○　　　○

위 사건에 관하여 원고는 다음과 같이 청구취지 및 청구원인을 변경합니다.

- 다　음 -

변경한 청구취지

1. 피고는 원고에게 금 45,500,000원 및 이에 대하여 이 사건 소장 부본이 송달된 다음날부터 다 갚는 날까지 연 12%의 비율로 계산한 돈을 지급하라.

2. 소송비용은 피고의 부담으로 한다.

3. 위 제1항은 가집행할 수 있다.

라는 판결을 구합니다.

변경한 청구원인

1. 이 사건 소장 기재 청구원인 제1항과 같이 피고가 여러 차례에 걸쳐 원자재대금을 빌려달라고 해서 3회에 걸쳐 금 30,500,000원을 빌려줬습니다.

2. 계속하여 원고의 상환요구에도 불구하고 피고는 조금만 더 빌려주면 거래처에서 수금한 돈으로 변제하겠다고 해서 ○○○○. ○○. ○○. 금 15,000,000원을 피고가 불러주는 국민은행 ○○○-○○-○○○○-○○ 예금주 피고 ○○○명의로 송금하였으므로 청구취지를 변경합니다.

소명자료 및 첨부서류

1. 갑 제○호증   계좌이체 한 송금영수증

○○○○ 년 ○○ 월 ○○ 일

위 원고 : ○ ○ ○   (인)

전주지방법원 민사 제3단독 귀중

예비적피고, 청구취지 및 원인 추가신청서

사　　　건 : ○○○○가합○○○○호(소유권이전등기청구)

원　　　고 : 정　○　　○

피　　　고 : 이　○　○　외6

변 경 후 소 가	금	원
(변경후)총인지액	금	원
기 첩부 인지액	금	원
추가첩부 인지액	금	원
접수담당 공무원		
접수인		

○○○○ 년 ○○ 월 ○○ 일

위 원고 : ○　○　○　　(인)

광주지법 해남지원 민사2단독 귀중

예비적피고, 청구취지 및 원인 추가신청서

사   건 : ○○○○가합○○○○호(소유권이전등기청구)
원   고 : 정   ○   ○
피   고 : 이 ○ ○ 외6

예비적피고   : 1. 정 ○ ○
　　　　　　　　전라남도 해남군 ○○로 ○○, ○○○호
　　　　　　　2. 전라남도 해남군

　위 사건에 관하여 원고는 다음과 같은 이유로 예비적 피고 및 청구취지·청구원인을 추가하여 줄 것을 신청합니다.

- 다 음 -

신청이유

1. 원고는 소외 망 정○○의 상속인인 피고들에 대해, 명의수탁자인 소외 망 정○○이 당사자가 되어 명의신탁 약정이 있다는 사실을 알지 못하는 토지의 등기상 소유자인 해남군과의 사이에 별지1 목록기재 토지(이하 '이사건 토지' 라 합니다.)에 대한 매매계약을 체결하여 명의신탁약정의 무효에도 불구하고 부동산 실권리자명의 등기에 관한 법률(이하 '부동산실명법' 이라고만 합니다.) 제4조 제2항 단서에 의하여 정○○이 이 사건 토지에 대한 완전한 소유권을 취득하고, 정○○의 사망으로 피고들이 이를 공동상속하게 되었으므로 피고들을 상대로 주위적으로 부당이득을 원인으로 한 소유권이전등기 청구를 구하였습니다.

2. 그러나, 가사 정○○이 이 사건 토지에 대한 소유권을 취득하지 못한다고 하더라도 이 사건 토지가 서울시로부터 이병○, 박진○으로 전전양도 된 후 원고가 계약당사자가 되어 박진○과 계약을 체결하고 명의만 정○○으로 신탁한 것이어서, 이는 부동산실명법 제4조 제1항 및 제2항 본문에 해당하여 정○○ 명의의 물권변동은 무효라고 할 수도 있는 것이어서, 정○○ 명의의 소유권이전등기도 무효이고 정○○을 상속한 상속인들의 지분도 무효이므로 피고들은 해남군에게 소유권이전등기를 말소하여야 하고, 해남군은 원고에게 소유권이전등기를 이행해 주어야 하는 처지에 놓이게 되어 결국 이는 원고의 주위적 청구와 법률상 양립할 수 없는 경우이므로 이 사건 신청에 이른 것입니다.

예비적 청구취지

1. 별지 1목록기재 부동산에 대하여

    가. 피고 정재○은 피고 해남군에게 위 부동산중 17분의 2 지분에 관하여 ○○지방법원 ○○등기소 ○○○○. ○○. ○○.접수 제○○○○호로 경료한 소유권이전등기의 말소등기절차를

    나. 피고 해남군은 원고에게 ○○○○. ○○. ○○○. 매매를 원인으로 한 소유권이전등기 절차를 각 이행하라.

2. 소송비용은 피고들의 부담으로 한다.

라는 판결을 구합니다.

예비적 청구원인

1. 명의신탁 및 상속관계

   가. 이 사건 토지는 소외 해남군이 ○○지구 구획정리사업을 하면서 체비지로 지정하였던 토지인데, 소외 이병○은 위 토지를 위 해남군으로부터 매수하여 소외 박진○에게 전매하였습니다.

   나. 원고는 ○○○○부터 ○○○○.말경까지 ○○에서 운동선수로 근무하면서 얻은 수입으로 ○○○○. ○○. ○○. 위 박진○으로부터 이 사건 토지를 금 ○,○○○,○○○원에 매수하였습니다.

   다. 그런데, 위 토지를 매수하는 과정에서 일을 처리해 주었던 소외 박종○이 원고에게 자신이 한 일에 대한 정당한 대가를 받지 못했다며 계속 원고에게 시비를 걸며 괴롭히자 원고는 아버지인 소외 망 정○○과 큰오빠인 피고 정재○과 상의한 끝에 위 토지에 관한 등기를 위 정○○ 명의로 경료하기로 약정하였습니다.

   라. 원고는 ○○○○.말 경 자신의 자금으로 건축비용을 부담하여 위 토지에 별지 2 목록기재 부동산(이하, '이 사건 주택' 이라고 합니다.)을 신축하였는데, 건축의 편의상 건축허가는 위 정○○의 명의로 받았고 그 후 ○○○○. ○○. ○○. ○○지방법원 ○○등기소 접수 제○○○○호로 위 정○○ 명의의 소유권보존등기를 경료 하였습니다.

   마. 그 후 위 토지에 관하여는 ○○○○. ○○. ○○. 위 서울특별시 명의로 소유권보존등기가 경료 되고, 원고와 정○○ 사이의 위 명의신탁약정에 따라 ○○○○. ○○. ○○.. ○○지방법원 ○○등기소 접수 제○○○○호로 위 정○○ 명의의 소유권이전등기가 경료 되었습니다.

   바. 위 정○○은 ○○○○. ○○. ○○. 사망하였고, 그 처인 피고 이병○과 자

녀들인 원고와 나머지 피고들이 법정상속분에 따라 별지 별표 지분 기재와 지분과 같이 공동상속 하였습니다.

2. 피고 정재○은 피고 해남군에 대하여 청구취지 기재 소유권이전등기의 말소등기절차를 이행하여야 합니다.

    가. 이 사건 토지가 피고 해남군으로부터 이병○, 박진○에게 전전양도되고, 박진○과 원고사이에 매매계약이 체결된 점에 비추어 보면 이는 부동산실명법 제4조 제1항 및 제2항 본문에 해당하여 원고와 소외 정○○ 사이의 명의신탁약정과 정○○에게로의 소유권이전등기는 무효이므로, 명의신탁된 이 사건 토지는 등기부상 명의자인 해남군의 소유로 복귀하게 되므로 매도인인 해남군은 명의수탁자에게 무효인 명의수탁자 명의의 등기의 말소를 구할 수 있게 됩니다.

    나. 또한 명의신탁자는 위 매매계약에 기한 매도인에 대한 소유권이전등기청구권을 보전하기 위하여 매도인을 대위하여 명의수탁자에게 무효인 명의수탁자 명의의 등기의 말소를 구할 수 있는 것이므로, 망 정○○의 상속인들인 주위적 청구의 피고들은 피고 해남군에게 이 사건 토지 중 별지 지분 목록기재 각 지분에 관하여 소유권이전등기의 말소등기절차를 이행할 의무가 있는 것입니다.

    다. 따라서 피고 정재○을 제외한 나머지 주위적 청구의 피고들에 대하여는 ○○지방법원 ○○○○. ○○. ○○.선고 ○○○○가합○○○○호 판결에 의하여 청구취지 기재 소유권 이전등기의 말소등기절차를 이행하라는 판결이 있었습니다.(갑 제3호증)

       당시 피고 정재○은 원고가 위 사건에 관하여 청구취지 변경전 부당이득금 반환청구에 대하여 인락을 한 관계로, 원고 측이 청구취지를 소유권이전등기 말소청구로 변경하는 과정에서 피고 정재○을 누락시켰기 때문에 위 판결의 대상에서 제외되었던 것입니다.

그러나, 그로 인하여 현재 청구취지기재 소유권이전등기의 말소등기절차가 이행되지 않고 있으므로 피고 정재○에 대하여 말소등기절차의 이행을 청구하는 바입니다.

3. 또한 피고 해남군은 ○○○○. ○○. ○○. 매매를 원인으로, 그렇지 않다면 피고 해남군으로부터 이 사건 토지를 전전 양수한 박진○과 원고와의 ○○○○. ○○. ○○. 매매를 원인으로 한 소유권이전등기절차를 이행할 의무가 있다고 할 것입니다.

○○○○ 년 ○○ 월 ○○ 일

위 원고 : ○ ○ ○   (인)

광주지법 해남지원 민사2단독 귀중

청구취지확장 및 원인 일부정정신청서

사   건 : ○○○○가단○○○○호 임대료청구
원   고 : ○   ○   ○
피   고 : ○   ○   ○

변 경 후 소 가	금	원
(변경후)총인지액	금	원
기 첨부 인지액	금	원
추가첨부 인지액	금	원
접수담당 공무원		
접수인		

○○○○ 년 ○○ 월 ○○ 일

위 원고 : ○ ○ ○   (인)

남부지방법원 민사 제3단독 귀중

청구취지확장 및 원인 일부정정신청서

사 건 : ○○○○가단○○○○호 임대료청구
원 고 : ○ ○ ○
피 고 : ○ ○ ○

위 사건에 관하여 원고는 다음과 같이 청구취지확장 및 청구원인을 일부 정정합니다.

- 다 음 -

청구취지확장

1. 피고는 원고에게 금 150,000,000원 및 이에 대하여 금 50,000,000원은 ○○○○. ○○. ○○.부터 소장 부본이 송달된 ○○○○. ○○. ○○.까지는 연 5%의, 금 50 ,000,000원은 ○○○○. ○○. ○○.부터, 금 50,000,000원은 ○○○○. ○○. ○○.부터 청구취지확장 및 청구원인 일부정정신청서가 송달된 날까지 연 5%의, 그 다음날부터 다 갚을 때까지 연 12%의 각 비율에 의한 금원을 지급하라.

2. 소송비용은 피고의 부담으로 한다.

3. 제1항은 가집행할 수 있다.

라는 판결을 구합니다.

청구원인 일부정정

1. 소장기재의 청구원인 1항·2항·3항·4항은 원용합니다.

2. 따라서 원고는 피고로부터 매월 지급받아야 할 월임대료 ○○○○년○○월 분(지급일 ○○○○. ○○. ○○. 금 50 ,000,000원), 8월분(지급일 ○○○○. ○○. ○○. 금 50,000,000원), 9월분(○○○○. ○○. ○○.. 금 50 ,000,000원) 합계 금 150,000,000원 중, 7월분 금 50,000,000원에 대해서는 임대료 지급일 그 다음날인 ○○○○. ○○. ○○..부터 이 사건 소장부 본이 송달된 ○○○○. ○○. ○○.까지는 연 5%의, 8월분 금 50,000, 000 원에 대해서는 임대료 지급일 그 다음 날인 ○○○○. ○○. ○○.부터 9월 분 금 50,000,000원에 대해서는 임대료 지급일 그 다음날인 ○○○○. ○ ○. ○○.부터 각 청구취지확장 및 청구원인 일부정정신청서가 피고에게 송 달된 날까지는 연 5%의. 그 다음날부터 완제일까지는 연 12%의 비율에 의 한 각 지연손해금의 지급을 구하기 위하여 이 사건 신청에 이른 것입니다.

소명자료 및 첨부서류

1. 수입인지 및 송달료 추가납부서   1부

○○○○ 년 ○○ 월 ○○ 일

위 원고 : ○ ○ ○   (인)

남부지방법원 민사 제3단독 귀중

청구취지 및 원인 일부변경신청서

사 　 건 : ○○○○가단○○○○호 담장철거 등
원 　 고 : ○　　　○　　　○
피 　 고 : ○　　　○　　　○

변 경 후 소 가	금	19,425,000 원
(변경후)총인지액	금	92,400 원
기 첩 부 인지액	금	74,200 원
추가첩부 인지액	금	18,200 원
접수담당 공무원		
접수인		

○○○○ 년 ○○ 월 ○○ 일

위 원고 : ○ ○ ○ (인)

춘천지방법원 민사 제2단독 귀중

청구취지 및 원인 일부변경신청서

사 건 : ○○○○가단○○○○호 담장철거 등

원 고 : ○ ○ ○

피 고 : ○ ○ ○

위 당사자 간 담장철거 등 청구사건에 관하여 귀원을 통한 이 사건 토지에 대한 측량감정이 완료되었는바, 이에 따라 원고는 ○○○○. ○○. ○○. 대한지적공사의 지적측량감정서를 인용함으로써 아래와 같이 본소의 청구취지 및 원인을 일부 변경 합니다.

- 아 래 -

변경된 청구취지

1. 피고는 원고에게 강원도 춘천시 ○○로○길 ○○, 대지 ○○○㎡ 별지 감정 도(ㄱ)표시 부분에 축조한 별지 감정도 10.11.12.13.14.9.10.을 순차적으 로 연결한 선내의 축대부분(ㄴ)표시 8㎡를, 같은 별지 감정도 9.14.15 .6.9.을 순차적으로 연결한 선내의 담당부분(ㄷ)표시 13㎡를 각 철거하고 위 별지 도면 (ㄱ)표시 대지 중 별지 도면 (ㄴ), (ㄷ)표시의 대지 합계 21㎡ 를 원고에게 인도하라.

2. 소송비용은 피고들의 부담으로 한다.

3. 위 제1항은 가집행할 수 있다.

라는 판결을 구합니다.

변경된 청구원인

1. 이 사건 소장의 청구원인 중 제1항 및 제2항은 그 대로 원용합니다.

2. 피고는 원고 소유의 위 대지를 별지 측량감정도와 같이 침범하여 원고의 소유 토지상에 평균 높이 2m 40㎝, 길이 20m 30㎝의 대형담장과 화단을 축조하여,(측량감정서 감정도 (ㄷ)부분 참조) 무단 사용하고 있으며, 따라서 피고는 지반이 높은 피고의 소유인 대지에서 지반이 낮은 원고 소유의 토지로 토사가 흘러내리지 않게 하기 위해서 피고는 원고 소유 위 대지를 침범하여 대형 축대를 축조하여(측량감정서 감정도 (ㄴ)부분 참조)무단 사용하고 있으므로 담장 및 축대를 철거하여 원고에게 위 대지를 인도하여야 할 의무가 있습니다.

3. 축대부분은 피고가 축조하지 않았다 하더라도 축대의 설치 목적은 피고의 소유 대지가 지반이 높은 관계로 지반이 낮은 원고의 소유 대지로 토사 등이 흘러내리지 않게 하기 위해 설치된 것이며 그 형태만 보더라도 피고의 대지 방향 쪽으로 버팀대를 설치하였다는 것은 지반이 높은 피고의 대지를 보호하기 위한 축대가 분명하다면 축대를 피고의 대지에 축대를 쌓아야 하는데 원고의 대지에 피고의 축대를 축조한 것으로서 피고는 축대를 철거하고 대지를 인도할 의무가 있습니다.

4. 이상에서 살펴본 바와 같이 이 사건 감정도 (ㄱ)표시 대지부분에 축조한 별지 감정도 10.11.12.13.14.9.10.을 순차적으로 연결한 선내의 축대부분(ㄴ)표시 8㎡를, 같은 별지 감정도 9.14.15.6.9.을 순차적으로 연결한 선내의 담당부분(ㄷ)표시 13㎡를 각 철거하고 위 별지 감정도(ㄱ) 표시 대지 중 별지 감정도 (ㄴ), (ㄷ)표시의 대지 합계 21㎡를 원고에게 인도하여 원고의 이 사건 토지 사용에 제한이 없도록 하여야 합니다.

5. 이에 본건 원고는 청구취지와 같은 피고의 이행을 구하고자 이 사건 청구에 이른 것입니다.

소명자료 및 첨부서류

1. 별지 감정도   3부

○○○○ 년 ○○ 월 ○○ 일

위 원고 : ○ ○ ○   (인)

춘천지방법원 민사 제2단독 귀중

소송물가액계산서

1. 철거 및 대지인도

   1㎡당 공시지가 1,850,000원×21㎡= 38,850,000원정

   철거 및 대지인도 소송이므로 38,850,000원의 2/1 = 19,425,000원정

   소가 19,425,000원×0.045+5,000원 = 92,412원에서 끝 부분 12원 절사 92,400원.

   첨용인지액금 92,400원-소장제출 시 74,200원 납부

   납부할 잔액 : 18,200원정.

- 이 상 -

청구취지 및 원인 변경신청서

사   건 : ○○○○가단○○○○호 대여금

원   고 : ○   ○   ○

피   고 : ○   ○   ○

변 경 후 소 가	금	42,000,000	원
(변경후)총인지액	금	194,000	원
기 첩부 인지액	금	149,000	원
추가첩부 인지액	금	45,000	원
접수담당 공무원			
접수인			

○○○○ 년 ○○ 월 ○○ 일

위 원고 : ○ ○ ○   (인)

청주지방법원 민사 제5단독 귀중

청구취지 및 원인 변경신청서

사　　건 : ○○○○가단○○○○호 대여금

원　　고 : ○　　　○　　　○

피　　고 : ○　　　○　　　○

위 사건에 관하여 원고는 다음과 같이 청구취지 및 청구원인을 변경합니다.

- 다　　음 -

변경한 청구취지

1. 피고는 원고에게 금 42,000,000원 중 금 32,000,000원에 대하여 ○○○○. ○○. ○○.부터 소장 부본이 송달된 날까지는 연 18%, 금 10,000,000원에 대해서는 ○○○○. ○○. ○○.부터 소장 부본이 송달된 날까지는 연 24%의 그 다음날부터 다 갚는 날까지 연 12%의 각 비율로 계산한 돈을 지급하라.

2. 소송비용은 피고의 부담으로 한다.

3. 위 제1항은 가집행할 수 있다.

라는 판결을 구합니다.

변경한 청구원인

1. 소장 기재 청구원인 제1항과 같이 원고는 피고에게 금 32,000,000원을 대여하면서 이자는 월 1.5%(편의상 연 18%를 월 단위로 환산하였습니다), 변제기는 ○○○○. ○○. ○○.로 정하여 대여하였습니다.

2. 원고는 피고에게 금 10,000,000원을 ○○○○. ○○. ○○. 대여하고 이자는 월 2.0%(편의상 연 20%를 월 단위로 환산하였습니다)로 변제기는 ○○○○. ○○. ○○. 변제하기로 하였으나 변제기일이 도래하지 않아 청구하지 않았는데 피고는 변제기일 ○○○○. ○○. ○○. 지나도록 변제하지 않았습니다.

3. 이에 원고는 이 사건에서 피고에게 청구한 ○○○○. ○○. ○○. 금 32,000,000원과 ○○○○. ○○. ○○. 금 10,000,000원을 추가로 총 금 42,00 0,000원을 청구하고자 청구취지를 변경합니다.

소명자료 및 첨부서류

1. 갑 제○호증   계좌이체 한 송금영수증

○○○○ 년 ○○ 월 ○○ 일

위 원고 : ○   ○   ○   (인)

청주지방법원 민사 제5단독 귀중

■ 편 저 대한법률콘텐츠연구회 ■

(연구회 발행도서)

· 지급명령 이의신청서 답변서 작성방법
· 새로운 고소장 작성방법 고소하는 방법
· 민사소송 준비서면 작성방법
· 형사사건 탄원서 작성 방법
· 형사사건 양형자료 반성문 작성방법
· 공소장 공소사실 의견서 작성방법
· 불기소처분 고등법원 재정신청서 작성방법
· 불 송치 결정 이의신청서 재수사요청

청구취지 원인 변경
소의 변경
보충·정정 작성방법

2024년 03월 20일 인쇄
2024년 03월 25일 발행

편　저　대한법률콘텐츠연구회
발행인　김현호
발행처　법문북스
공급처　법률미디어

주소　서울 구로구 경인로 54길4(구로동 636-62)
전화　02)2636-2911~2,　팩스 02)2636-3012
홈페이지　www.lawb.co.kr

등록일자　1979년 8월 27일
등록번호　제5-22호

ISBN　979-11-93350-33-1(13360)

정가　24,000원

이 도서의 국립중앙도서관 출판예정도서목록(CIP)은 서지정보유통지원시스템 홈페이지(http://seoji.nl.go.kr)와 국가
자료종합목록 구축시스템(http://kolis-net.nl.go.kr)에서 이용하실 수 있습니다.